宋韓蘄王

韩世忠像

韩世忠在临安

韩金宪　程　序　著

浙江工商大学出版社
ZHEJIANG GONGSHANG UNIVERSITY PRESS
·杭州·

图书在版编目(CIP)数据

韩世忠在临安 / 韩金宪,程序著. — 杭州:浙江
工商大学出版社,2021.1
　　ISBN 978-7-5178-4239-2

Ⅰ.①韩… Ⅱ.①韩… ②程… Ⅲ.①韩世忠(
1089-1151)-生平事迹 Ⅳ.①K825.2

中国版本图书馆 CIP 数据核字(2021)第009965号

韩世忠在临安
HANSHIZHONG ZAI LIN'AN
韩金宪　程　序著

责任编辑	韩新严
封面设计	林朦朦　裴传龙
责任印制	包建辉
出版发行	浙江工商大学出版社
	(杭州市教工路198号　邮政编码310012)
	(E-mail:zjgsupress@163.com)
	(网址:http://www.zjgsupress.com)
	电话:0571-88904980,88831806(传真)
排　　版	杭州朝曦图文设计有限公司
印　　刷	杭州高腾印务有限公司
开　　本	880 mm×1230 mm　1/32
印　　张	8.25
字　　数	145千
版 印 次	2021年1月第1版　2021年1月第1次印刷
书　　号	ISBN 978-7-5178-4239-2
定　　价	47.00元

韩金宪（左二）走访韩世忠出生地，与绥德县崔家湾镇纸坊
沟村村委会主任、蕲王祠管委会会长韩天虎（左一）交流

韩金宪（左二）与陕西省绥德县崔家湾镇纸坊沟村蕲王祠管委会总监、县老龄办原主任韩治鹏（左一）一起参观一步岩韩世忠纪念馆

韩金宪（左一）在绥德县档案馆查阅韩世忠相关资料

韩金宪（右三）在杭州市临安区杨溪村寻访韩世忠遗迹

韩金宪与临安区清凉峰镇干部王珏蓉、临安民建副主委汪昌华
及杨溪村村干部交流

韩金宪走访江苏淮安梁红玉故乡

序　言

　　青山有幸埋忠骨。把岳王庙一副名联中的这句话用在临安清凉峰下的韩世忠墓也是如此贴切。

　　浙西临安,钱王故里,人杰地灵,物阜民丰。八百多年前,南宋名将韩世忠不经意间走进这片土地,为这块风水宝地所吸引,晚年安居于此,卒后安葬于此,对于故土难回的身心,何尝不是一种精神的抚慰与最好的归宿。

　　很多看似偶然的历史细节,冥冥之中却隐含着必然。南宋初年功绩最丰、名声最响的两位英雄人物——岳飞与韩世忠,一个安息于西子湖畔,一个安息于清凉峰下。而在距岳王庙不远的飞来峰,还有一座韩世忠在岳飞被害当年所建的翠微亭,这是一个英雄对另一个英雄的怀念与守望。人文荟萃的杭州,因他们更加熠熠生辉。

　　杨溪村是个人丁兴旺的千家村,有着"八十四条弄、七十二口井"的传说。虽然历经沧海桑田、世事变迁,但古木掩映、古迹点缀的古村风貌犹存,留下的古井、古街、古树、古桥、古祠、古民居等现今仍随处可见。在各种古迹中,名气最大的当数韩世忠墓和孝子祠。2011年,当地政府先期已对孝子祠进行了修缮,如今杨溪村作为"忠孝文化第一村"已经名声在外,2016年杨溪村还入选中国传统村落名录。

韩世忠墓一直得到政府和当地村民的妥善保护,2019年被列为杭州市市级文物保护单位。但受种种客观因素影响,与前往岳王庙瞻仰者络绎不绝的情形相比,位于临安清凉峰镇杨溪村的韩世忠墓还未广为人知,其事迹与精神不仅没有得到更好的传扬,当今辨识度也很低,甚至还是其夫人梁红玉更为人们所熟知。回想当年,岳飞被构陷入狱,满朝文武皆噤若寒蝉,唯有韩世忠敢责问秦桧"岳飞何罪之有",而秦桧回答"莫须有",这一刚烈之问与奸猾之答从此世人皆知,从中也可充分体味到韩世忠的忠武、忠勇、忠义。

忠孝文化在杨溪村已经得到传扬,忠武精神同样也值得大力弘扬。它们有共同的基点,但忠孝更侧重于家庭伦理,忠武更侧重于忠心爱国,两者的结合可以使"忠孝文化第一村"的内涵更丰富,也与当今社会主义核心价值观相契合。

《韩世忠在临安》一书以韩世忠隐居临安为主线,真实生动地描写了其晚年生活与当时临安的风土人情,反映了其金戈铁马、壮怀激烈的一生,更体现了其爱国报国、忠肝义胆的精神境界。全书以史实为依据,既真实地还原了历史,又进行了生动的文学创作,很好地做到了历史性与文学性、真实性与生动性的统一与融合,让人们看到了一个立体、丰满、真实而又让人耳目一新的一世英雄韩世忠。而他晚年不得不隐居山野乡村,也不由得让人慨然怆然,叹之惜之。

　　站在当下回望历史,可以清晰地感受到,那些没有被抹去痕迹的人与事,总是承载着一种精神,流淌于一代又一代人的血脉之中。

原临安县县长　　徐根法

2020 年 11 月 6 日

序言

目录

目录

一

题记，以及引子

　　杭州之名在隋代首次出现，现在，杭州还是叫杭州。

　　不过在1129年至1276年，杭州曾改称为临安府（1129年，因为南宋行在所，升临安府；1138年，南宋迁都于此）。

　　作为杭州所辖的一个区（县），临安从宋代开始就一直叫临安。

　　于是在这一百四十七年的时长里，就有两个临安：一个是作为南宋行在所和都城的临安府，大致就是今天的杭州；另一个是临安府所辖的临安县，也就是今天的临安区（之前还有一段时间为临安市）。

　　宋代时一级政区叫路，比今天的省范围大。府和州理论上都是路的下一级，再往下就是县。但是府的级别比州要高，当一个州达到一定的经济条件或者政治条件时可以升为府。杭州就是因为皇帝临幸,地位不一样了,所以从州升为临安府。州的专名是一个字,比如杭州、汴州;而府的专名是两个字,比如杭州变成临安府,汴州变成开封府。

这是地位的象征。连取个地名都有那么多含义和讲究,古人好有文化。

无论是作为州还是作为府,杭州或临安府当时下辖的都是钱塘、仁和、临安、余杭、於潜、昌化、富阳、新城、盐官等九个县。

临安最初成为一个县是在东汉时期的211年,时为临水县。到西晋太康元年(280)始称临安,因当时境内"临安山"出名而更名,之后县名多次更改,地域范围也多次变动。到后梁开平二年(908),钱镠奏改其故乡临安为安国县。十五年后钱镠正式建立吴越国。至宋太平兴国三年(978),吴越国末代君王钱弘俶"纳土归宋"后,临安复改为临安县。因避宋太祖之父赵弘殷名讳,钱弘俶入宋后改名为钱俶。

自此以后临安县名无更改。

作为南宋的行在所和都城,赵构不避讳它与辖区内的一个县重名,有一层重要的含义就是感念吴越国早年"纳土归宋"对宋国的功绩。

而且,临安这个名字特别好,有临时安顿的意思,这层意思太重要了。从心底里,赵构是想偏安江南做他的皇帝的,他并不是真心想在杭州"临安",而是想在杭州"长安"

"永安"的;但话又不能这么说,不但不能这么说,还要向天下人表明他"收复疆土,迎回二圣"的决心。所以叫临安,也叫"行在所",表明是行都而不是定都,是前进中暂时的停顿——嗯,这个名字太贴切了,用赵构常用的书面语言来说就是"实契朕怀"。

"临安"还可以理解为另一层意思:君临而安。皇帝临幸,此地安宁,这不仅有点儿祝福的味道,更是在体现不容置疑的皇恩。

可惜杭州并没有因为皇帝的到来而得安宁。南渡之初,随皇帝来到杭州的人数激增,居住首先就成了大问题,稍像样点的土屋都被文武百官借住,有的一栋土屋里要住四五户人家。后来赵构有诏,允许官员入住寺院,一时间寺院庙庵里住满了大小官员及其所携眷属,内中大雄宝殿、方丈室等处贴满"随龙某某某之居"的字条。

有一妓女,因与"随龙"某官员要好,也在门头上写上"随龙张月娥之居"。皇上听闻此事,也是一笑了之。自恃有官员撑腰的张月娥就以"随龙"身份招摇过市,旁人为之侧目。

林子大了什么鸟都有,一下子那么多人涌入杭州城,城里人口激增十倍之多,偷盗之案也随之暴增。一天,有巡捕抓获一贼,一审问,竟是"随龙"而来的小偷,就把他放了。此事一时被传为笑柄。所以,那段时间杭州秩序之乱前所未有,给百姓生活带来了极大的困扰。

比之明抢暗夺,小偷小摸之流实在是小巫见大巫了。涌金门有一户人家,家业丰厚,是个房产大户。有一侍郎没地方住,手下人告诉他这户人家房子多,可以和其商量一下借一两间住。这户人家向来吝啬,结果没同意。过了几天,这户人家即因有通金人之嫌疑而被官府捉拿,其房屋也被一些当官的分而居之。后来据未能分得房子的人透露的消息,这是某侍郎与另一同僚假造金人来信,派役吏于清晨破门而入搜查这户人家,获得"证据",于是将这家人全部抓走。

局势动荡,最惨的还是平民百姓。赵构定都杭州没多久,苗傅、刘正彦就发动了兵变,逼赵构退位。这场兵变虽然很快被平定,但也免不了刀枪相见。后来苗傅、刘正彦从涌金门出逃,临走时下令放火烧城,幸亏那天下大雨,火没点着。

但不是每次都能这么幸运的。内忧刚平,外患又来,接着金兵又攻入杭州,皇帝又逃到海上避难,城里百姓也只能纷纷出逃。天下都是皇帝的,他哪里都能"临(时)安(顿)",即使要下海逃难,也有大臣帮他在宁波募集海船、在嘉兴筹集钱粮;而普通百姓逃难,其中的凄苦艰难哪是皇帝能体会的。后来金兵追捕赵构未果,又返回杭州大肆抢掠,离开的时候也放了一把大火,但这把火没有大雨来浇灭。

对于浙西临安县来说,在这兵荒马乱的年头,因有高山屏障、先贤护佑,老百姓倒能过上虽然清贫但也安稳的日子。

为了方便现代人阅读理解,也为了避免两个临安会造成混淆,除少数地方,本书均以现今的地名来代替书中所写年代的地名,因此《韩世忠在临安》中的临安就是指以前的临安县、现在的临安区。

虽然以现今地名代替古时地名,实际上所指的范围并不完全一致,但如果不是精确的历史考证,这大体也是无妨的。

一
题记,以及引子

二

一路向西到杨溪

初春。

1142年的江南还没有从残冬中回过神儿来。不过,这一天太阳正好,即使在临安清凉峰下的杨溪村(时义干村),下午三时左右太阳晒在背上也有了一股暖暖的春意。这会儿正是村里人空闲的时候,除了风吹过和溪水流过的声音,整个村庄在太阳的暖意中安静得仿佛睡着了。

箍桶匠老陈在家门口的矮竹椅上已经坐了个把时辰,终于想起要干点什么,伸手拿起竹椅边上的竹烟筒,装上烟丝点上火,"咝咝咝"地用力吸了几口。

老陈是村里唯一的箍桶匠,箍桶匠就成了他的名字,以至村里人几乎忘了他的大名。现在是他一年中最闲的季节,只做些修修补补的活。这两天他正盘算着去外面走村串户,看看哪家有活要做。

离老陈不远处的屋檐下,一条大黄狗一直趴着晒太阳,这个时候它警觉地抬起头,支起两条前腿,喉咙里先是发出一声低沉的声音,然后慢慢伸直两条后腿,撑起整个身体,继而发出"汪汪"的叫声。老陈知道这是有陌生人要经过这里,对于这个村子里的人来说,有外人经过是司空见惯的事,几乎每天都有从安徽过来或者要去安徽的人,从这里经过或者在这里歇脚。再往西就是一条四十来里长的山路,连接着浙江和安徽——这就是现在的竹岭古道。让老陈感到有点意外的是,从狗吠的方向来看,来人是往西面去的,如果继续向前走,就是上山了,这个辰光,要有人来基本上都是从山上下来的,再上山就有点迟了。慢慢地就看清楚了,原来是两个人骑着马过来,马走得不紧不慢,显然也没有要赶路的意思。老陈对狗训斥了一句,狗也就乖乖地不叫了。

两人在老陈家门前下了马。年长的身板魁梧,脸色黝黑,一身威严;年轻的个子虽高,人却斯文。和平时来来往往做生意的或者卖苦力的那些人不同,老陈一看就知道他们肯定不是一般身份的人。何况他们还骑马,在这里难得见到有人骑马来,驴倒是常见,但也多是用来驮东西的。那时候骑马就相当于今天开顶级豪车了。他没敢像平时那样大声地跟别人打招呼,只是拉过边上的长板凳,讷讷地说了

一路向西到杨溪

一句：你们坐。

年轻的没有坐，站着和老陈聊了起来，年长的坐在长板凳上默不作声。当聊到这里最高的一座山叫清凉峰时，年长的突然冒出一句："清凉峰？"正在聊天的两人转头看着他，他又问了一句："这山有多高？"

老陈也不知道这山究竟有多高，只能说："到山顶来回一趟，起码得四五个时辰吧。"

"明天你给我们带个路，再备点吃的，我们就去山上走一趟。"年长的朝年轻的稍稍一扬头，丢了个眼色。年轻的便从兜里摸出一串铜钱交给老陈。

老陈本来还想说什么，便咽了回去，接过铜钱，点点头："就是路有点远，明天得早点上山。"随后带他们去客栈。

这一带有五六家客栈，老陈带他们去的清欢客栈虽不是最大的一家，却是条件最好的一家。清欢客栈离来往安徽的山路口最远，价格也稍贵一些，加上大部分客人歇脚或入住时喜欢就近选择，所以生意并不算好，但口袋里有点钱的多会在这家住。老陈看他们不缺钱，心想他们肯定喜欢住得好一点。果然，两人看到这家客栈很是欢喜。这家的房子、院墙都是用石头垒成的，跟这里大部分的房子不一样；院子干净、宽敞；厅堂因为窗户小虽不是很亮堂，却也收拾得清清爽爽，顶上粗大的横梁架在两面石头墙中，给人结实稳固的踏实感；梁上挂着几盏灯笼，又透着温馨别致。老板殷勤地跟前跟后招呼（待）他们。两人看了房间当即住下。

老陈和客栈老板不仅不知道这两人是谁，更没想到他们世代生活的这个山野乡村竟会因这两人的到来而改变。

他们是父子俩。父亲韩世忠，著名的抗金名将，与岳飞、张俊、刘光世一起被称为南宋"中兴四将"，不久前刚辞去朝中职务告老回家。儿子韩彦直，是韩世忠的长子。

这是韩世忠告老回家后的第一趟远游，两人当初并没有到杨溪村的打算，只是因仰慕吴越国钱王才想到临安来看看钱王故里。

韩世忠辞去职务回家之后，常骑驴携酒徜徉在西湖山水之间，灵隐寺一带是他常去的地方。不光因为这一带山水秀丽，还因为晚年他爱好佛法，所以经常去灵隐寺礼佛。吴越国第一代君王钱镠和末代君王钱俶[注]，都对复兴灵隐寺有过重大贡献，韩世忠由此了解到钱王的生平及其对后世的影响，尤其是吴越国最后"纳土归宋"，让他产生了去钱王故里一游的念头。

去临安之前，韩世忠先来到玉皇山南，这里当时名为天真院山，因山上的天真院而得名。天真院即为吴越国君王钱镠所建置，为吴越国君王祭天的郊坛，一旁就有钱镠为建郊坛而刻的摩崖题记。韩世忠在此游览一番后，继续沿山往上来到表忠观。表忠观为旧时的钱王祠，北宋后期，杭州知州赵抃以钱氏保境安民、纳土归宋为由,奏请建表忠观。苏轼撰书《表忠观碑》,立于祠侧。元代时表忠观被毁,明代时表忠观易地在柳浪闻莺即现在的钱王祠之处重建。

在苏轼撰文并书写的碑前,韩世忠伫立良久,仔仔细细看了碑文。苏轼的这篇碑文,文与字俱佳,这让已经在家习文练字的韩世忠不由得对它进行逐字逐句的揣摩。看完碑文他才进入祠中,对着钱氏五王的塑像恭敬地拜了三拜。

几天后,韩世忠和韩彦直父子未带仆从,从杭州出发,第一站就来到钱王陵。背靠太庙山(时安国山)而建的钱镠墓,占地近二百三十亩,比今天我们所看到的钱王陵面积大了将近一倍。王陵四周遍植松柏,长长的神道两侧墓表、石马、石虎、石羊、石翁仲、石将军依次而立,直径约五十米的圆形墓前左右两侧分别有青龙、伏虎两小山护卫,尽显帝王陵的庄严肃穆。这一天几乎没什么人来这里,有一个大爷应该是陵园的看护人,正在打扫园中的落叶,并没有在意韩世忠父子俩的到来。在离墓前石供桌不远处,有香烛摆放在一张小桌子上,旁边还有一个小盒子,里面放着几枚铜钱,看来是来人可随自己的心意付点香烛钱,然后随意取用。韩彦直扔进几个铜钱,取了两把香,和父亲一起在墓前点香祭拜。

一百六十四年前,吴越国末代君王钱俶奉旨入京,临行时钱俶祭别钱镠陵庙,就在韩世忠父子站着的位置上,他失声痛哭："嗣孙俶不孝,不能守祭祀,又不能死社稷。"悲伤得几乎不能站立。钱俶知道宋太宗这一次召见,自己是有去无回。果然到了京城开封,他被扣留,不得已自献封疆于宋。"纳土归宋"其实与强买强卖相差无几。

钱俶的悲伤韩世忠并不知道,他能体会到的只是此时自己内心的悲凉。大宋王朝强盛之时,拓疆扩土,四方来贡,国土面积不断扩大;如今朝廷却是割地求和,送钱送物,只求保住半壁江山。所幸临安还是宋国的土地,总算没有愧对曾经统治这片土地的君王和生活在这片土地上的百姓。

父子俩随后来到钱镠的故居。相传钱镠出生时屋顶上空突现红光,而韩世忠也听说过自己出生时屋外也是一片红光,想到这儿,他微微一笑。

后来的几天,他们去了东天目、西天目等地,也许是临安的山水风光吸引了他们,他们就这样漫无目的一路朝西来到了杨溪村。

现在的杨溪村位于国家级自然保护区清凉峰的东麓,村前有一条杨溪,在南宋时分为洲头、义干两个村,韩世忠当时落脚的是义干村。《金昌陈氏宗谱》记载,唐代末年,南朝陈开国皇帝陈霸先的后裔陈实公从安徽绩溪迁至此处建村,因此杨溪村至今已有一千一百多年历史。宋、明时期,义干有一千余灶、四千多人口,被称为"千家村",至今有着

一路向西到杨溪

"七十二口井，八十四条弄"之传说。杨溪村现在仍然保存着孝子祠、韩世忠墓、郎氏宗祠、五圣桥等古迹。2016年杨溪村入选中国传统村落名录。

注 钱俶，原名钱弘俶，因避宋太祖之父赵弘殷名讳，入宋后只称俶。他毕生崇信佛教，杭州西湖边著名的雷峰塔就是钱俶建造的佛塔。在钱俶"纳土归宋"后的第十年，庆祝他六十大寿那天，他与朝廷的贺寿使者宴饮至日暮，当天晚上暴卒。

三

清凉峰、清凉山和清凉寺

五十三年前的1089年。陕西绥德（时延安），清凉山脉下的纸坊沟村。

腊月的傍晚，天寒地冻。离过年还有七天，此时家家户户正忙着做晚饭。忽然不知谁不断在喊："韩庆家着火了！韩庆家着火了！"听到喊声的左邻右舍端起木盆水桶就往韩庆家跑去。

这座村庄里除了少数几户人家外都姓韩，平时有事喊一声，大家都会帮忙。村里房子也挨挨挤挤的，大家对着火的事更不敢怠慢。

一帮人跑到韩庆家，看到屋后一片红光。韩庆看到一帮邻居拿着木盆水桶跑到他家，先是一愣，然后嘿嘿一笑："生了，是个男孩。"

"你家着火了！"有人对他说。韩庆又是一愣："着火了？哪里着火了？"大家张望了一下，确实没有看到哪里着火，也没闻到烟味。

从房间里传来婴儿的啼哭声，大家向韩庆道了喜，纷纷离去。走出屋门，屋顶的红光仍在。送大家出门的韩庆看到这景象，心里也和邻居一样有点惊讶。夜色渐渐浓起来，在孩子的啼哭声中，这片红光慢慢淡去。

这是韩庆的第五个孩子，取名韩世忠，字忠良。很长一段时间里，韩世忠出生时的异象都是村里人的谈资。

等到孩子稍大些，母亲抱着他出门和村里人一块闲坐时，有人去逗弄孩子，孩子转头看人时眼光竟会像闪电般一掠而过，让人更是惊讶称奇。村里人见到他，常说："这孩子将来一定是个大人物。"韩世忠父母听了也暗自欢喜，心生期盼。

在韩庆的爷爷韩则手上，韩家在当地还是大户人家。韩则武艺高强，又懂医术，为人仗义，在村里是个说一不二的人物。村里要商量个什么事儿，或者有个是非纠纷，经常会请他出面，他一发话，事儿很快就可以搞定。至于平时谁有个咳嗽发热什么的，也多会找他看。有一年村里不少人得了同一种毛病，他直接派人将一包包配好的药免费送到病人家中。远近知道韩则的人都会说他是个好人："要是有人说他不好，那肯定是说他不好的那个人不好。"

韩则过世后就葬在村子后面的山上，有个看风水的人路过他的墓地，丢下一句："他家以后必出大官。"

　　但是韩家到了韩庆父亲的手上，家道渐渐中落。到了韩庆手上，已是家境贫寒。所以，这个带着异象出生的韩庆家的第五个孩子，让韩庆夫妇心中暗暗生出一种期望。韩世忠打小也成了家里孩子中最得宠的。

　　等到韩世忠稍大一点，父亲和哥哥就带着他开始练武。虽然家道中落，但习武之风在这个家中并没有中断。

　　然而韩世忠并没有像父母期望的、村里人曾经传说的那样成为一个"别人家的孩子"，小小年纪就经常打架滋事，让父母很是操心。

　　韩世忠还不到十岁，父母就相继过世了。少了父母管教的他更加放纵不羁。他本就人高马大，又学过武，十二三岁就成了"孩子王"，手下聚了一帮年纪跟他差不多大小的孩子。

　　清凉山的半山腰，有一道弧形的大石壁，形成一个天然的石屋洞，石屋洞前还有一块大平地。这里是韩世忠他们常常聚集的地方。石屋洞不深，靠石壁处有一块大如桌子的平整石头，这块石头自然成了韩世忠的"王位"，他经常坐在上面发话。似乎是遗传了曾祖父韩则的个性，他很乐于管事，用他自己的方式去摆平一些纠纷，以至周围十里八乡，没有他搞不定的事。只是与他的曾祖父不同，韩则是以威望、道理服人，而韩世忠则是凭勇力、直觉断事，他个人的好恶成了评判的标准，有时难免出现偏差。不过他一出面，不管是对了还是错了，事情很快就可以搞定。

韩世忠十五岁那年，一帮人在这里聚集玩耍的时候，有一个人从石屋洞前大平地靠崖一边掉了下去，摔成重伤，自此韩世忠就再也没到这座山上来过。

这之后有一天，韩世忠风风火火往绥州（今绥德县）城里赶，风风火火并不是他有什么急事，而是他本就是这样的性格脾气。就在绥州城东门口，他与一个人撞了个满怀，韩世忠退了两步，差点摔倒，火暴脾气的他张口想骂，一看对方是个和尚模样的长者，虽被撞了一下，身子却依旧稳稳的。对方宽厚一笑，双手合十：阿弥陀佛。韩世忠一怔，不知道说什么好。对方又开口道：今天我们是有缘相撞，老僧是清凉寺的，有空可以来寺中相见，阿弥陀佛。说完径自走了。

在绥州城东边三十多里远的地方，有一座清凉寺，它是这一带最有名的寺庙。韩世忠也听说过，寺中和尚个个练武。韩世忠此时正在迷茫中，人到一定的时候总会开窍，闲混已久的他已经清楚自己不能一直就这样过下去，但他并不知道接下去该做什么、能做什么。经老和尚这么一说，他突然觉得这是老天给他指路，几天后他便来到清凉寺。

民间传说，唐高祖李渊举兵反隋，其四弟为避祸患，悄悄来到此地，隐姓埋名，在清凉寺削发为僧。后来李世民继位,得知其四叔在此皈依佛门,遂传谕赠黄金百两、白银数千两。自此,清凉寺修葺一新,扩大面积,成了绥德境内的一大名胜,香火旺盛,经久不衰。

到了寺里,小和尚问他找谁,他也说不出来,那天他并未问那个和尚尊姓大名,只能边比画边描述那个和尚的模样。小和尚似乎明白了,将他带到一间厢房里,里面坐着的人正是韩世忠要找的。原来此人是寺中长老。此后,韩世忠除了在寺中干些杂活,就和寺中的僧人一起识字诵经,一起练武,一年多下来武功大有长进。

一天,长老突然对他说:你可以下山了。他再三恳求留下来,但长老说:这里并不是你的久居之地,你还有你的路要走。韩世忠只得和大家拜别。

"唉,清凉山、清凉寺是再也回不去了。"这天晚上,喝过一壶酒的韩世忠躺在清欢客栈的床上,这么想着,一声叹息随之坠入黑夜,不知所终。

第二天天还没亮,老陈就到客栈等他们了。他的手上拿着三根木棍,这是登山时一人一根用来当手杖的;肩上挎了一个布兜,里面备着上山吃的干粮;腰间捆着刀盒,里面插了一把长柄弯头的柴刀;旁边还有一根手臂粗的、比老陈身高稍长一点的毛竹竿,两头削尖的,这是平时用来担柴的,不过老陈今天带上它不是为了担柴,而是在毛竹竿两头各打通了两节,以储备今天上山喝的水。

韩彦直先起来,待韩世忠起床后,两人在客栈收拾了一番,吃过早饭,就随老陈出发了。

当他们翻过由两块巨石形成的一道狭窄的山门,站到又一块石头顶上的时候,东边绯红的云彩中已有太阳的光芒漏出,远处更高的山顶已被太阳抹上暖暖的金黄色;各种鸟鸣声在树林中随鸟儿飞来窜去,显出一种与尘世不同的热闹;远处的村庄已升起炊烟,与薄薄的晨雾混合成人间的一股生气,随着渐渐亮起来的天色荡漾开来。

来到江南,韩世忠还是第一次见到这般景色,不由得停下来,深吸一口气,两手撑住木棍静静地立在原地。三人正好借此歇脚,韩彦直找了块平整点的石头坐了下来,一边欣赏景色一边揉腿。老陈大概是看惯了眼前的景象,没有歇下来的意思,先从背兜里拿出一点吃的给他们,又到前面去探了一下路,顺便采了几株草药回来。

不一会儿太阳跳出云层,虽然山中的风依然带着寒气,但阳光洒在他们身上也让他们有了那么一丝丝暖意。

歇了一会儿,继续出发。晌午时分,三人来到山顶,一大片黄中带青的草甸铺展在眼前,不远处一堆石头随意又有序地聚成一个矩阵,那里便是清凉峰的最高处。

登上石头阵,树木、草甸、远山都在自己的脚下,呼呼的大风吹过树林,穿过石堆,形成更加巨大的声浪,如万马奔腾、万军呐喊,让韩世忠仿佛回到金戈铁马的战场……

四

人生第一笔赏金

那天韩世忠在清凉寺拜别大家，下得山来，又到绥州城东门，见一堆人正围在一起看什么，他凑过去，听大家议论，原来在城南一步岩的山林中，有一匹野马驹近来屡屡伤害行人，说是有人被撞伤有人被踢死，闹得人心惶惶。大家都很奇怪：山里怎么会突然跑出一匹野马驹来？有年长者开口：活了一把年纪，只听说过老虎伤人，还没听说过野马伤人的。有人接过话：该不会是什么不祥之兆吧？

城门上贴着一张布告，韩世忠虽说在寺中也识了几个字，但毕竟没好好念过书，布告上的字大部分不认识。不过听了大家的议论，他已经知道布告内容，就是悬赏降马勇士，如有勇敢者驯服野马，还有奖赏。韩世忠打听了一番情况之后，上前一把将布告揭下来，朝州府走去。

那些本来围在一起议论的人见这个年轻人揭了布告，就一路跟着他去了州府。布告已贴了好几天，终于有人出来去降野马，州府官员自然乐意，但一看是这么个毛头小子，又不太放心，就把他叫到面前问话，最后问他：你家里大人知道你来吗？这是性命攸关的事，要你父母都同意才行。得知韩世忠父母早亡后，州府官员让他签了生死状。

一步岩离绥州城约十里地，韩世忠对这一带很熟悉。父亲死后，家境更加贫困，他曾随母亲一路乞讨来到绥州城，后来寄居在城南二郎山西侧矻上村一个废弃的窑洞中。

这里一东一西有两座山，分别是二郎山和雕阴山，都属于清凉山山脉。两座山向南延伸，然后像两只手一样弯过来握在一起，两山之间近山巅处有一个隘口，宽不过一米，一步就能跨过，故名一步岩。从南往北进村或者从北往南出村，都要经过两山之间唯一的一条路。

歇了一个晚上，第二天吃过早饭，韩世忠上一步岩，村里人知道韩五（韩世忠在兄弟姐妹中排行老五，所以村里人都叫他韩五）要去降野马，跟着他到了离隘口远远的一个小山坡上，聚集在那里等他的消息。

韩世忠守在一步岩半山处的一棵大树旁，等着野马出现。等了一会儿，见没有动静，他又爬到树上朝四周观察了一会儿。当听到远处有一声嘶鸣，他迅速从树上下来，走到树旁一处视野稍开阔的地方，为的是既让自己看见马，也让马看见他。随着一阵如疾风吹树的声音由远而近，一匹白色的野马跃入眼帘。野马一见有人便直扑过来，韩世忠待它靠近的时候一闪身躲于树后，那野马一时刹不住仍往山坡下冲。当它转身又往韩世忠这边冲来的时候，因为变成了上坡，速度比之前明显慢了不少。等到野马再次靠近，韩世忠纵身一跃骑上马背，野马哪肯轻易让人骑它，前蹄腾空想要把他掀下来。韩世忠双腿紧夹，两手死死抱住马的脖子。野马狂奔乱跳，一直跑到山顶，在一步岩处从这座山纵身跃到另一座山，又要往山下冲去。此时，韩世忠朝马背上狠狠地连捶几拳，野马竟慢了下来，昂首嘶鸣了两声后，就由着韩世忠指挥慢慢往山下走去。韩世忠还不敢大意，依然抓住马鬃、夹紧双腿，直到一处有草的地方，野马开始低头吃草，韩世忠先顺着马脖子抚摸了一会儿它的鬃毛，然后才翻身下马。待马儿吃饱，韩世忠骑着马慢慢下山。远处小山坡上的人看到他骑马过来，一阵惊呼。他的几个一年多不见的小兄弟，陪着他去州府领赏金。

　　拿到赏金，韩世忠先把以前欠几家酒馆的酒钱还了。酒馆老板本来就没想"泼韩五"欠的酒钱还能拿回来，认为只要他不来店里捣乱就谢天谢地了，所以都大感意外。现在韩世忠又为大家除了一害，他再来喝酒时酒馆老板都格外热情。后来他经常能拿到赏金，每次打完仗可以凭斩获敌兵首级数量领赏，他打仗勇猛，拿到的赏金自然也多。再后来,连皇帝都奖赏他,那赏金的数目就更大了。他再来喝酒时,酒馆老板都不担心他欠钱了,他走的时候说声记账,老板都客气地回一句:好嘞,您慢走。喜交友轻钱财的他,"资用通有无,或不持一钱相从,谒酒肆贳酒",无论是他自己欠的或者朋友欠的,都由他得到赏金后来偿还。从军之后,韩世忠一直保持着这份豪爽,每次出战只要他获得的赏金更多,他就把赏金拿出来分给和他并肩作战的士兵。当然每次得到赏金,他都会先来结清酒馆的赊账,至于什么时候来,那是说不定的。所以时至今日,在绥德父老口中还有这么一句歇后语:韩五的钱——钱是好钱,有年没月。

如同那些围着他转的小兄弟一样,这匹野马也成了他形影不离的伙伴。后来他加入与西夏作战的敢勇队,野马就成了他的战马,跟随着他直到战死疆场。

北宋年间,一步岩下修建了一座永寿寺。该寺规模不大,但香火旺盛。至清代乾隆年间,绥德知州舒元烺与当地乡绅在这里修建了一座韩蕲王庙,供奉韩世忠。当初将庙建在永寿寺旁或许是想借寺庙香火来祭祀韩世忠,后来主客易位,韩蕲王庙成为主殿,永寿寺则居于次位。每遇农历三月初三,来此朝山上香的人络绎不绝,韩蕲王庙内香火旺盛。现在每年的农历七月初七至初九,韩蕲王庙庙会成了一个固定的项目。

受地形所限,今日的韩蕲王庙占地面积不大。一尊高

一步岩下的韩蕲王庙

约五米的韩世忠雕塑伫立在山门前,雕塑背后是韩蕲王庙前殿,殿中陈列着十余方清代、民国时期的石碑,记录着一步岩与韩蕲王庙的历史。跨过前殿进入正殿大院,一孔高大、宽敞的石拱窑洞便是韩蕲王庙的正殿,正中是韩蕲王和梁红玉的坐像,塑工尽管不高超,还是可以让人感到一种威严的气概。大殿西侧为古佛殿,再往西则为供奉关帝、文昌的楼阁。前殿的西侧立有一座牌楼,牌楼石柱背面刻有这么一副对联:东南半壁仗孤撑,至今江水滔滔如闻鼙鼓;西北一天崇血食,抚此山川郁郁隐护风雷。

五

十七岁那年

十七岁那年,韩世忠被官府抓了起来。

当韩世忠的身边聚集了一批小兄弟之后,他俨然成了一方霸主。好在就如同他的名字一样,他本性忠良,为人豪爽,疾恶如仇,确实做了不少打抱不平的好事。但他毕竟年轻,身边围了一帮人之后也有点飘飘然,不免由着自己的性子来做事,有不顺他意的人免不了要受一顿皮肉之苦。于是村里人背后都叫他"泼韩五"。

那天从清凉山石屋洞前大平地靠崖一边掉下去的那人,其实是起争执后被推下去的。争执的起因只是一件鸡毛蒜皮的事儿,后来韩世忠觉得这人没道理,就训了他两句。这人有点不服,嘟囔了两句。韩世忠最容忍不了有人对他不服气,就揍了他一拳,其他小兄弟也过来对那人推推搡搡,结果一来二去没留意那人就掉下去了。

人一掉下去大家都有点慌,韩世忠让大家统一口径说是他自己掉下去的。这一次那人伤得不轻,他的家人来找韩世忠,要他负责,但大家都一口咬定是他自己掉下去的,加上那户人家也怕"泼韩五",这事也就过去了。

从清凉寺回来之后,他的脾性收敛了不少。降服野马,也让大家对他刮目相看。于是村里人背后再叫他名字时就把那个"泼"字给省掉了。

不"泼"的韩五依然爱管"闲事"。韩世忠听一个小兄弟说他的哥哥本来定了一门亲,可现在女方提出来要退掉这门婚事,一打听原来是有个大户人家的儿子看中了女方,这户人家条件自然更好,听说还有点来头,女方家长也由不得自己,就找了理由退亲。

退亲这件事让韩世忠特别敏感,那时候,很小年纪定亲是普遍的事,还有指腹为婚的。早些年,父母在世的时候曾给他定过一门亲,后来他家遭遇变故,韩世忠又没个正经事,整天在外面混,对方就让人来提退亲的事。韩世忠倒没为难人家,爽快答应了。但这事就像给了他一棍子,也让他清醒了:自己这副样子人家是看不起的,不能一辈子就这么混下去了。后来他上清凉寺也多少与退亲的刺激有关。

而这家人退亲,是因为大户人家的儿子借势压人,这让韩世忠尤其愤恨。于是有一天在外面韩世忠就把大户人家的儿子给打了。

之所以说这户人家有点来头,是因为他们有个亲戚在州府当官。本来韩世忠把人打伤就理亏,现在这个当官的亲戚又找了关系打了招呼,韩世忠就被抓了起来,原来干过的事也被翻旧账给翻了出来。

那天和韩世忠一起被提审的,一共有五个人。知府翻了翻卷宗对韩世忠说:你年纪轻轻,可犯的事不少,当数罪并罚。

这时候来了一个人,叫陈豫,时任经略使[注]。

他指了指韩世忠,对知府说:听说这人能降服野马,可见有勇有谋,不可多得,现在大敌当前,不如让其上阵杀敌,将功赎罪。

知府略一沉吟,问韩世忠:你可听见陈大人的话?你可愿意参军打仗?

这个变化有点快,韩世忠来不及想什么,脱口回答:愿意!

就这样,带着那匹他驯服的野马,韩世忠加入了州军敢勇队——由一批最勇猛的人组成的敢死队。

在韩世忠尚未出生之时,北宋和西夏就一直争战不断。韩世忠入伍后参加的第一场大战就是和西夏军队的银州之战。

银州在今天的陕西省米脂县西北部。米脂,是韩世忠熟悉的地方,曾经和他定亲的就是米脂一户人家的女儿。米脂因美女出名,三国时闻名天下的貂蝉就是米脂人。本来绥德汉子韩世忠娶米脂姑娘,倒是应了当地一句有名的谚语"米脂的婆姨绥德的汉"。退亲则是后来的事了。只是没想到,他入伍后的第一场大战就发生在他熟悉的这一带。

唐代末年,党项族首领拓跋思恭因参加镇压黄巢起义有功,被赐予包括银州在内的五个州,以及国姓李氏和"夏国公"的封号。到了北宋太宗的时候,朝廷为消灭割据势力,征党项族首领入朝并让其交出五个州土地。但党项族首领不从,举兵反抗,从此这一带战事不断。元昊继位之后,军力日强,到北宋景祐五年(1038),元昊称帝,国号大夏,定都于今天的甘肃银川。建国后的西夏与北宋的争战步步升级,战火连年不断。

当时驻扎银州的西夏军进犯北宋疆土,宋军决定攻打银州。韩世忠被征调参战,随统制官党万开赴前线。

宋军开拔到银州,天色将晚,西夏军队紧闭城门,在城内屯兵防守。

当晚,党万召韩世忠进来,谋划了一阵,然后吩咐他:明天等我下令,你先冲上去打开城门。在平时的训练中,韩世忠的威猛让党万非常赏识。交代完毕,党万拍拍他的肩膀,让他先去休息,养精蓄锐。

第二天上午,依然是一片平静。直到接近正午时分,党万再次叫来韩世忠,交代一番。韩世忠随即出营,跨上那匹他驯服的马,朝银州城门飞奔而去。城墙上的西夏守兵还没想明白这孤人单马是要干什么,韩世忠就已经在马上拉开"铁胎弓",只听得"吭"的一声,城门被打穿一个洞。连发数箭后,城门被打出几个大洞。韩世忠骑马冲到城门前,翻身下马,挥起大刀,连砍带撞,冲开城门,随即又飞身上马,直接杀向西夏驻军主将的营帐。始料未及的西夏驻军主将还未来得及招架,即被斩杀。西夏军顿时乱作一团。韩世忠冲上城楼,从城墙上扔下主将首级。宋军见势,高声呐喊,一拥而上,西夏军丢盔弃甲大败而逃,宋军追至嵩平岭。

不甘失败的西夏军很快集结重兵来攻打嵩平岭。党万和韩世忠并肩作战,经过激烈厮杀,宋军击退西夏军。就在宋军安营扎寨的时候,一支西夏骑兵突然从小道冲来发起袭击。党万一时心慌。韩世忠来不及穿好衣服,裸着上身挥戈应战,越战越勇的韩世忠在气势上镇住了袭击者,宋军其他士兵乘势而上。

经过一番鏖战,西夏兵稍稍退却。这个时候,韩世忠发现敌军中有一骑马者装备精良,甚是威武,他随手抓来一个俘虏问那人是谁。当得知那人是西夏军的监军,还是个驸马时,韩世忠跃马向前冲至驸马身边,不出几个回合便将他斩于马下。监军驸马被斩,敌军于是溃败而逃。战后大帅张深上朝报奏韩世忠之功,请求给予优赏。这让负责边防事务的宣抚使童贯心生不满,因为此事没有经过他而越级上报,他就以上报的功绩多是官家子弟所创,有夸大之嫌为由,只给韩世忠升了一级。众人听闻后都为韩世忠抱不平。

在韩世忠的一生中,大大小小的仗打过多少次他已经数不清,而第一场大战,那马嘶风啸、万军呐喊的声音以及让他血脉偾张的感受从此融进了他的血液,烙进了他的记忆。当他第一次登上清凉峰的山顶时,呼呼吹过的风声就如同他骑马冲锋时风在耳边的呼啸声,这似乎又唤醒了在他血脉中沉睡已久的一股张力。

> **注** 经略使,职级相当于现在的省军区司令员。北宋后期,为防西夏侵扰,在沿边诸路(各省)设置经略使,常兼安抚使,掌一路兵民大权,但又受其他官吏的监察和制约,只有管兵而没有发兵的权力。

六

朝廷大官为什么住到乡下

从临安回到杭州半个多月后，即1142年3月30日，韩世忠由韩彦直陪着，来到灵隐飞来峰。

这一天距岳飞被害已有两个多月。

韩世忠辞去官职告老回家之后，陪他出门最多的就是大儿子韩彦直。从小，韩彦直就很得父亲喜欢。六岁那年，他随父亲去见赵构，赵构见这孩子挺乖巧，也没对他端皇帝的架子，而是和颜悦色地问他这问他那，后来就说到了读书写字。

说到写字，赵构来了兴头。赵构喜欢书法，即使苟且偷安也不忘提笔练字，"凡五十年间，非大利害相妨，未始一日舍笔墨"。对他来说，大宋的京城开封可舍，北方的大片土地可舍，但笔墨却一日难舍。

于是赵构吩咐他人拿笔墨来,让韩彦直写几个字看看。韩世忠不知道儿子会写什么,有点担心,便对赵构说:皇上,小儿无礼,他写字是闹着玩玩的。赵构摆摆手,韩世忠也就不作声了。

韩彦直拿着笔,歪着脑袋想了想,写下四个大字:皇上万岁。

赵构龙颜大悦,把他叫到身边,拍拍他的小脑袋:你以后会有大出息的。一旁的韩世忠也跟着笑了。

那天吃晚饭时,韩世忠让韩彦直坐在边上陪他喝酒,第一次让韩彦直尝了一口他杯中的酒,韩彦直被辣得边呛边叫,父亲则在一旁哈哈大笑。

因为常年在外征战,韩世忠并没有多少时间看顾韩彦直,内心总觉得有点亏欠他。后来金兵入侵,宋王朝向南方撤退,韩世忠在南撤的途中带着家人,反倒有更多的时间和儿子相处了。从那时候开始,韩世忠也教儿子练武,那段时间加深了父子俩的感情。等到韩世忠赋闲在家,无论从感情上还是从长子的身份上来说,韩彦直都成了父亲最可依靠的人。其次就是韩世忠最宠爱的小女儿韩彦芳。在韩世忠晚年,陪伴在韩世忠身边时间最多的就是韩彦直和韩彦芳两人。

这一天,父子俩骑驴来到灵隐飞来峰,并不是纯粹来游山玩水,而是前些日子,韩世忠雇人在飞来峰的半山腰修建了一座石亭,现在亭子建好了,今天算是来现场验收。在还能闻到新凿石头气味的亭子里,韩世忠静立不语。后来,韩世忠在亭子上挂出了翠微亭的匾额。

远在安徽池州的齐山顶上,也有一座翠微亭。岳飞二十八岁那年,曾登山来到这座亭子,写下《登池州翠微亭》一诗:

经年尘土满征衣,特特寻芳上翠微。

好水好山看未足,马蹄催趁月明归。

两座翠微亭,从这一天起一东一西遥相呼应却默默无声。

如今的飞来峰翠微亭是1924年重修的,亭内有两块匾额。一块为"翠微亭"亭名匾额;另一块为"岿存岳峙"的匾额,上面书写着建亭缘由:"翠微亭乃宋韩蕲王所建也,于今七百有余年矣,亭虽坍毁,就其故址以重建。庶岿然尚存,与岳庙以对峙,西子湖头双忠宛在,长安古迹於不折云。"

石亭前,竖着一块大理石标牌,标牌上面书写着:"亭侧石壁上有韩世忠之子韩彦直所书摩崖石刻题记。"可惜在石亭东侧的石壁间,只见此处被凿平的痕迹,不见题记。

要感谢清代的一位僧人六舟,他在应邀协助续修《灵隐寺志》时,有条件从容拓得飞来峰遍布的崖刻。在被一片青

飞来峰翠微亭

苔覆盖的石壁上，他找到了韩彦直所书摩崖石刻题记，完整地将其拓印并保存了下来，使我们今天得以知道题记的内容："绍兴十二年，清凉居士韩世忠，因过灵隐登览形胜，得旧基，建新亭，榜名翠微，以为游息之所，待好事者。三月五日，男彦直书。"

韩彦直也是在写题记的时候，才知道父亲自号"清凉居士"。虽然父亲没有说过什么，他也没问过什么，但从临安清凉峰回来不久的他，非常明白父亲心里在想什么。

果然没过多久，韩世忠把韩彦直叫进房间，开口就问："你觉得杨溪村这个地方怎么样？"

"父亲是想再去住几天吗？"

"我想在那边买栋房子，以后就在那边住下来。"

韩彦直稍有一点意外，但他很快就明白了父亲的心意，自号"清凉居士"再明确不过地表达了他对清凉峰以及陕西老家清凉山的牵挂与怀念。清凉山已经是金国的地盘，有生之年是再也回不去了，但清凉峰这个同名之地可以聊慰和安放漂泊已久的疲惫身心。

"那好，我这两天把手头的事情了一下，就去村里找房子。"

"到时候你们全家也一起住过去。"

韩彦直点点头。父亲年纪大了，加上一身伤病，需要有人在身边陪着。再说，现在住在西湖的西面，虽说离城里有

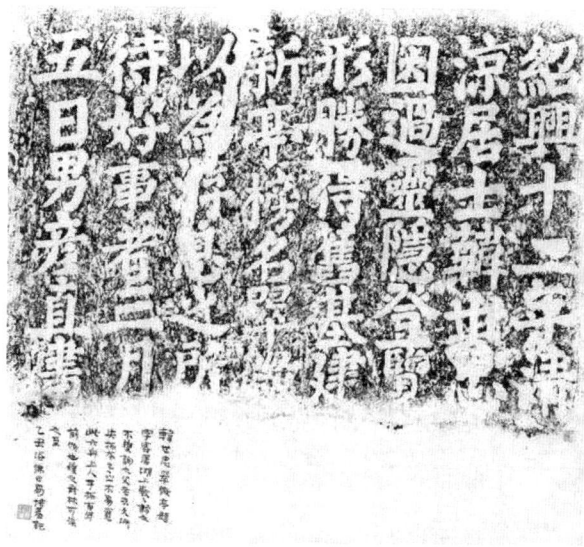

六舟手拓的翠微亭题记，现藏浙江省博物馆

点偏远,但毕竟是皇城根下天子脚边,有些人有些事还是避不开。父亲平时骑驴外出,常常醉酒而归,虽说他现在闭口不谈时政,连原来的部下也避而不见,但他心里的郁闷和愤懑无处可泄,唯有借酒消愁。韩彦直也担心父亲一直这样下去,对身体不好,所以能离开杭州去清静的乡下,他觉得是一个不错的选择。

到了这一年的初冬,在一个太阳很好的日子,韩世忠、韩彦直带着家里十多口人,用几头驴驮着大堆的家什来到杨溪村。

韩彦直半年前来村里找房子,最后把清欢客栈盘了下来。现在,清欢客栈的匾牌已经摘掉,换上了韩彦直手书"清凉居"三个字的横匾。

在他们住进来之前,箍桶匠老陈已经找了当地的泥水匠、木匠、油漆匠等一班人,前前后后忙了好几个月,给韩大人的家里里外外修整了一遍。现在的清凉居只是保留了原来清欢客栈的屋壳,里面完全变了样子,重新隔了房间,打了新的家具,刷了新的隔墙,平了屋里屋外的地面,屋顶翻了漏……和韩世忠上次住进来的时候相比,感觉就像是幢新房子。

村里人的日子随着日月晨昏、春夏秋冬的固定节奏一天天、一年年地重复着,他们并不关心外面的纷纷扰扰,很长一段时间,他们只知道韩大人是个大官,至于他的名字、他的身份他们都一无所知。

老陈有空会去清凉居坐坐,熟悉后也会陪韩世忠喝几口。关于这位韩大人的谈资,最初的时候都是从老陈这里"出口"的。有一次老陈正好碰到,朝廷派来的人下马进屋见到韩世忠,立马行礼"拜见韩大人",掏出一份老陈听不明白是什么的文书"请韩大人过目"。老陈急急退出并未久留,但回头向村里人说起这桩事的时候,把来人的穿着、样貌、动作以及毕恭毕敬的态度绘声绘色地描述了一番,其中免不了要夸大和添加一些内容,把人听得一愣一愣的。

只是,一个朝廷大官为什么不在朝廷好好上班,偏偏住到了山野乡村?这让村里人猜不透。之前有人猜韩大人肯定被贬了,所以才住到乡下来,这本是个合理的解释,但朝廷派人来拜见韩大人,又把这个猜测给否定了。其实猜测本来也不会有结果,因为无法求证,所以那个答案就变得半是半非、面目可疑。好在猜测也是一种乐趣,没有最终结果,反而让猜测变得更有继续下去的可能和必要,也让猜测者更乐此不疲。

后来韩大人渐渐和村里人接触多了,大家才慢慢了解,原来韩大人沉默时不怒自威,让人感觉难以接近,但他开口和人聊天的时候,表情反倒变得柔和,有时会因谁的一句话哈哈大笑起来,大家对他也就不再敬而远之。

继老陈之后,村里的郎中也和韩世忠熟络了起来。郎中刚好也姓郎,郎姓是村里的大姓,可能是因为郎中是家里的老大,跟他年纪差不多的人都叫他大郎头。郎中除了用药治韩大人的伤病,还有特别的一招:用茶治病。郎中经常邀韩世忠一起喝茶,两人就成了茶友。

村里人和韩世忠熟络之后,见到他都会招呼韩大人进屋坐,谁家有个喜事摆个席的也会叫他。以至到后来,村里若有个什么难断的家事或纠纷,也会叫他来做个主张——这一点就像他的曾祖父韩则当年一样。

七

先拿你开刀

　　秦桧听人跟他说翠微亭的事,脸上的表情就像没听说这事一样没有一点变化。过了许久,他从太师椅上站起来,不知是不是没留意,一脚踢到了趴在旁边的一只猫。那只毫无防备的猫一声惊叫,窜出门外不知去向。

　　如今满朝文武百官,哪个不让秦桧三分?只有这个韩世忠,还像一匹未驯服的野马,不好对付。

　　现在韩世忠建了个翠微亭,明摆着为岳飞鸣不平,但秦桧又抓不住韩世忠什么把柄,拿不到台面上来说事。这让秦桧有点抓狂——你是不是就喜欢我看不惯你又干不掉你的样子?

　　秦桧最早是想拿韩世忠而不是岳飞开刀的,韩世忠也不是不知道。

时间回到岳飞被害半年前。

这时候已经和岳飞一样被夺去兵权的韩世忠，献出五百匹马给了驻扎在淮安的旧部。之后又把之前积存在部队中的"回易收入"[注]及军队耕种收获的粮食进纳给朝廷，赵构下诏嘉奖。

过了一段时间，秦桧拿献马来说事了。一天秦桧单独和赵构商议和谈的事，便说起：金人近来不时有小股兵力入境，乃是底下士兵扰民所为，和驻扎淮安的韩世忠旧部有过几次小规模冲突。现在和谈已经大功告成，只等迎回太后，此时要谨防节外生枝，对驻外将士不能任其所为，给金人找到借口。世忠日前献马给其旧部，似又激起将士情绪，还得稍加防范，避免因小失大。

赵构沉默了一会儿，问：张俊、岳飞部下情况如何？

秦桧回答：此两军军心稳定，只是世忠旧部与世忠联系密切，背嵬军仍在世忠掌控之中。近来世忠仍在朝中妄论和议之非，与当下大好形势殊不和谐。而且臣听说，世忠守淮安期间，招兵买马，据说已有七八万人，倘若不听指挥，恐难抑之。臣以为不如派张俊、岳飞先去巡视安抚，若是不服指挥，或可分而治之。

赵构点点头表示同意。

当晚，张俊来到秦府，直至夜深方回。

两天后，张俊、岳飞出发前往淮安，以检阅、慰问的名义

七 先拿你开刀

巡视原由韩世忠统领的驻军。

前往淮安的途中,张俊看准机会对岳飞说:"这次皇上特意留世忠在杭州,而派我们来巡视他的军队,朝廷的意思很明白了,是要让我们来分管他的这支军队。"

岳飞本来就觉得让他们两个去巡视韩世忠的驻军有哪里不对劲,但皇上有令又不能不去。现在听张俊这么一说,他心里就更加明白,也颇为韩世忠感到不平:"现在国家要想恢复中原,能依靠的也就我们三四支队伍,一旦战事吃紧,皇上重新让韩太保来领兵,到时候我们有什么颜面去见他?"

岳飞这么回答,张俊心里暗骂:你小子不知好歹。脸上稍露不悦,不再说话。

岳飞惹张俊不快也不是第一次了。

黄天荡之战后,金兵好不容易逃了出来,结果在回北方的路上又遇到岳飞的部队,双方几次交手。岳家军也是真能打,打得金兵稀里哗啦。岳飞俘获了二十多名金军高级将领和一批金兵,亲自押解去见赵构。那时张俊还是岳飞的上级领导,岳飞越级献俘,让张俊大为不爽,后来张俊就下令把岳飞从南京调离。

上下级要是不对路,无论下级做得多么好,上级也会挑出毛病来的。

后来岳飞凭实力加官升职,和张俊平起平坐,这让张俊心里的不快、不爽、不满更加强烈了。

到了淮安，两人登城巡视，走了一段，发现城墙多处破败，张俊便对岳飞说："金兵敌众，必须修筑加固城墙，才能阻挡敌军。"

岳飞不以为然，进攻才是最好的防守啊，之前如果不是被十二道金牌催回，他都可以打到开封，为这事他还憋着一股气。但他没有作声，他也知道这个时候直说自己的想法肯定会得罪张俊。

张俊却不罢休，追问岳飞"意下如何"。岳飞被这么一追问，也就憋不住了："现在金兵优势已失，不是要修城防守，而是要趁机进攻，收复疆土。"

这在后来成了岳飞的罪证之一——因为岳飞认为不需要修城墙，所以没有修城墙，导致淮安后来被金兵攻下。

此话一出，张俊脸色大变，怒气冲冲转身就走。不料两名跟随的守城士兵见这情形一时紧张，其中一人手中的兵器在慌乱中"咣当"一声掉在了地上。张俊被这"咣当"一声吓了一跳，本来就火气没处撒的他，回头见士兵正在捡兵器，瞪着他们大喝一声："你们干什么？你们想谋反吗？"随即拔出剑来，不管两人跪地求饶，也不顾岳飞的竭力劝阻，将两人挥刀砍杀。

接到去淮安的命令，岳飞心里本来就有点不安，张俊一路来的行为，让岳飞心中的不安得到了证实。岳飞一直敬佩韩世忠,这次巡视查明韩世忠这支守边部队只有三万人,让他更是叹服:凭这点人马在淮安十多年,不但金兵不敢来犯,还有余力攻打到山东,这是一支多么厉害的队伍啊,这足以证明韩世忠治军有方,而现在明摆着要找他的碴儿。这让岳飞既感到愤然,也觉得心寒。

张俊拔刀杀人,不光是在岳飞面前泄愤,其实也有点心虚。两人刚到淮安,岳飞住在城中,张俊住在城外,军中将领王胜披甲戴盔,带着一支部队来到张俊的住地。张俊看到这架势,心里有点慌,责问王胜:为什么全副武装带着士兵来?王胜也有点发蒙:你不是来检阅队伍的吗?你检阅队伍,我们不是该全副武装的吗?张俊命令他们全部卸去盔甲武器,这才放心。来之前秦桧说过一句话:要防他们谋反。

当奸佞之辈一门心思想着整人的时候,岳飞却在这时布了一着若干年后挽救南宋的棋。

岳飞在这里见到了曾是自己旧部、后成为韩世忠部下的李宝。岳飞和他聊了许久,并特意叮嘱他组建水师,加强水上作战训练。李宝对自己的老上级一直非常敬重,对岳飞的建议言听计从,之后专门对士兵进行水战训练。赵构根本不会想到,在岳飞被他赐死十九年后,其远见还救了他和南宋一命。

1161年,金帝完颜亮起兵四十万,水陆并进,大举进攻宋朝,其中有水军七万,战船六百余艘,准备从杭州湾直取南宋皇城。不能不说完颜亮这一作战计划相当完美,对南宋形成致命的钳形攻势,尤其是南宋水师力量薄弱,还要布防长江沿线,根本没有力量在海上阻挡金军。要知道金军向来不擅长水上作战,但为了这次蓄谋已久的战事,两年前金国就组建了水师并进行训练。

如果金国的海军在浙江登陆,南宋马上就会腹背受敌,亡国之祸就在眼前。危急时刻,李宝自告奋勇,仅仅带着匆忙集结起来的一百二十艘战船、水兵三千人,北上迎击金国水师。到了黄海陈家岛(也称唐岛),李宝率军主动向金国水师发起进攻。金军船多,绵延数里,但指挥不力。李宝顺风势以火箭攻击,而后率军冲上未燃金船,展开白刃战。金军见大火蔓延,李宝军又英勇善战,很快就溃散而去。南宋这才得以逃过一劫。

张、岳两位大人的到来,尤其是张俊小题大做杀了两名士兵,使得不安的气氛在军中悄悄蔓延。

有一个人这两天尤其不安,他就是韩世忠所赏识的一员大将,现在已经是这支军队的最高指挥官——耿著。

对耿著来说,他最担心的是这支队伍会被拆分,一旦被拆分,受影响最大的当然就是他这个最高将领了,何去何从不可预料。另一件让他担心的事是,现在这支队伍,实际只有三万多人,但上报的是四万四千多人,多报了将近百分之五十的人数。而秦桧在赵构面前说七八万人，当然是故意夸大的。

为什么要多报人头？就是为了吃空饷。吃空饷是军中普遍的现象，无非是吃多少的区别。打仗总得让人吃饱，吃饱才有力气，还得有点物质刺激，重赏之下才有勇夫，但朝廷拨的那点经费紧巴巴的，只能勉强维持，能让士兵吃饱已经不错，吃好就别想了，那还怎么让士兵在战场上拼命？所以吃空饷也就成了军中大家心照不宣使用的一招，反正上头又不可能一个个地点人头。至于有些军官想中饱私囊，从空饷中捞一把也是最安全、最方便的。

但并不是说大家都这么做就没问题，无非是朝廷也需要有人打仗卖命，睁一只眼闭一只眼而已，真追究起来，那也是不小的罪名。就像当今朝廷的那些大小官吏，不贪污受贿的有几个？只是皇上也不能把贪官都抓了，要不谁来帮他管天下？谁在他面前山呼万岁？谁前拥后簇陪他出行？但这不等于贪污受贿就不犯法了，如果要拿你是问，这贪一百万两银子是贪，贪一万两银子也是贪，多少不是问题，问题在于你还是不是我的人，有没有必要拿你开刀。

虽说上头不可能来点人头，但这次正、副两位枢密使还真的就来点了，这让耿著心里感到发虚，何况虚报一万四千多人不是一个小数字。耿著心事重重地从军营走出来的时候，凑巧碰到了胡昉。

耿著和胡昉交情不浅,两人都是韩世忠手下的得力将领,而且胡昉也是因为耿著的引荐才受到韩世忠赏识,并一步步得到提拔重用的。胡昉现在管军中财务,耿著正好也要找他,两人就边走边聊,来到一家酒馆的僻静处坐下。胡昉给耿著倒满了酒。

耿著本来就话多、性子直,酒一喝说话就更不遮掩了:两位枢密使这次来意不善啊,他们来必是要分将军之军,这肯定会出乱子的。耿著以为他俩都受到韩世忠器重,面对"分将军之军",他们是命运共同体。

胡昉心中窃喜,其实胡昉并不是凑巧碰上耿著,他是得到授意特意在等他的,只是装作凑巧而已。而等他的目的,就是从他嘴里套出话来。行伍出身的耿著哪里用得着套,本来就想找人帮忙,加上几杯酒下肚,该说的不该说的都一股脑儿地说了。

眼下他急着和胡昉商量怎么把吃空饷的事应付过去,他让胡昉把之前的"死亡、失踪、逃逸士兵名单"再填补一部分,胡昉却说:万万不可,两位大人已经知道我们的实际人数,不但现在不能再去补名单,就是手头上已经有的这份名单,我看都要销毁,否则用假名单糊弄朝廷官员,那又是罪加一等了。

耿著没料到胡昉会让他碰软钉子。摆在台面上说,胡昉的话一点没错,但现在,耿著是把胡昉当兄弟来商量事情的。何况论官职,耿著是胡昉的领导;论交情,耿著对胡昉有引荐之恩。处理这事儿不就是需要灵活一点,不能按规矩来办吗?于是耿著对胡昉连劝带吓:军中的弊端也不是一天两天就能解决的,有些事情也急不来,如果一下子解决,未必不出事情,当年吕祉的教训不能不吸取啊。

五年前,作为淮西两军统制的吕祉在淮西兵变中丧命。当时吕祉密奏朝廷,建议剥夺淮西副都统制郦琼的兵权,结果郦琼提前得知消息,于是发动兵变,杀了吕祉。

胡昉听到耿著说要吸取吕祉的教训,心中窃喜,这不等于说想谋反吗?他嘴上说容他再细细考虑一下,转头就向张俊汇报耿著"倡言以撼军心",图谋叛逆。张俊很快把耿著抓起来并关进监牢。

以韩世忠为目标的一把刀寒光闪闪,高高举起。

注 "回易收入"即经营性收入。宋代时,由于财政拨付的军费不够,因此军队搞经营性盈利是公开的、合法的。韩世忠、岳飞搞经营性盈利为的是提高军队战斗力,打赢战争。另一大将刘光世,全军五万二千余人有"八千人为回易",还自比是陶朱公范蠡(后人尊称其为"商圣")。

八

老将的眼泪

说耿著意欲谋反，接下来就是要牵连韩世忠。岳飞见情形不对，连忙写信派人疾驰送到韩世忠手上。韩世忠见信大吃一惊，饭都顾不上吃，急急赶到宫中求见赵构。

见到皇帝赵构，韩世忠直接在他面前跪下："皇上，老臣罪该万死，请皇上恕罪。"说完放声大哭。

赵构很清楚韩世忠为什么来求见，只是没想到平时只流血不流泪的一员猛将来了这一招，只得让他先起来慢慢说。韩世忠并不起来，开始自我检讨，历数自己的过错，包括把吃空饷的事也揽在了自己身上。再说到张、岳两位大人把耿著抓起来，说他谋反："请皇上明鉴，这是万万没有的事！"

"真有这事？"赵构装作不知道。

韩世忠脱去上衣露出身上的箭伤刀伤，累累伤痕几乎布满了他的全身。"皇上，老臣年事已高，加上伤病缠身，实在力不从心，请皇上开恩，准许老臣告老还乡。"

韩世忠露出身上的伤痕不仅是为了证明自己伤病缠身，还想让皇帝念他的战功和忠心。

赵构心里当然也清楚，没有韩世忠，他今天可能也坐不了皇帝的座位。

1126年，完颜宗翰率金兵分两路南下攻打宋国，最终攻克宋国当时的京城开封，掳走了宋徽宗、宋钦宗二帝及赵氏皇族、后宫妃嫔、王公大臣等三千余人，史称"靖康之变"。

"靖康之变"直接导致了北宋的灭亡，当时的康王赵构则是皇室中唯一没有被金人掳走的，受命为河北兵马大元帅的赵构所率的兵马并未救援京城，而是避敌锋芒，得以保全。

宋钦宗曾手谕赵构第二次前往议和，被州官宗泽阻拦："金兵都打到城下了，这个时候去议和有什么用，还不是自投罗网。"宗泽也是抗金名将，他只是根据形势做客观分析，但这一拦，也正拦到赵构的心坎上，赵构乐得不去。

赵构没有前往议和，金人废掉宋钦宗，另立原宰相张邦昌为"大楚皇帝"。伪皇帝从来就不得民心，作为唯一一个未被金国掳走的皇子，赵构就成了继任宋国皇帝的不二人选。韩世忠带着部队来到赵构所驻的济阳，力主赵构称帝。

这时商丘(时南京)被金兵围城,韩世忠带兵赶到,据西王台以仅千余人的兵力迎战上万敌军。韩世忠单骑突入敌阵,杀死敌军元帅,金兵溃败,商丘解围。韩世忠又回到济阳劝进,随后护送赵构来到商丘,赵构遂在商丘称帝,改号"建炎"。

所以,赵构能坐上皇位,韩世忠功不可没,这一点赵构心里清楚。

动荡之年,皇位其实也不容易坐稳。赵构称帝后的第三年,直接负责皇帝安全的御营军统制苗傅、副统制刘正彦,眼见赵构无能,不断南撤,收复北方疆土无望,又一味重用将领王渊,而王渊又和太监康履沆瀣一气,为所欲为,他们愤愤不平。于是苗、刘两人发动兵变,杀死王渊,软禁赵构逼其退位,立三岁的皇太子赵旉为帝。赵构无奈,只得逊位。

韩世忠当时驻守在江苏,得知苗、刘兵变,起兵前来平叛,很快来到嘉兴(时秀州)。

迫于形势,苗、刘率百官奏请赵构复位,并拿到了赵构赐给他们的免死铁券。

韩世忠的部队很快大败苗、刘叛军,两人拿着以为能保命的免死铁券,带着两千精兵逃出杭州城。

赵构见到韩世忠,握着他的手痛哭,情形与今天韩世忠在他面前痛哭有点像。只是当时他们是手握手没有距离的,而今天他们一个坐着一个跪着,中间隔着一段距离,更

八 老将的眼泪

隔着一道鸿沟。

赵构让韩世忠除掉看守宫门私通叛军的吴湛。韩世忠上前装作要和吴湛说话,靠近吴湛时一把抓住吴湛的中指将其折断。痛得哇哇叫的吴湛被捕。后赵构下诏将吴湛在闹市斩首。

赵构当然清楚,没有韩世忠等人忠心勤王,已经被逼退位的他不可能复位。也就是这一次,赵构赞"世忠忠勇",御书"忠勇"表彰韩世忠的忠心。

赵构还是念这份情的,所以当韩世忠提出辞去官职告老还乡,还要捐出自家的钱币粮食时,赵构也就"恩准"了。毕竟只要韩世忠不对自己的皇位构成威胁,也不是非杀他不可。何况赵构也清楚,杀了有功之臣,对自己的声誉还是有影响的,也会让身边的其他人没有安全感,现在恩准他告老还乡,岂不两全其美?

动了恻隐之心并不是赵构放过韩世忠的全部原因。另一个原因是宋国的开国皇帝赵匡胤曾定下一条特别的规定:后世的子孙,不可以无缘无故杀大臣和上书劝诫的人,谁要是违背了这一条,就要遭天打雷劈。原话是这么说的:"不得杀士大夫及上书言事人……子孙有渝此誓者,天必殛之!"

赵构当上皇帝的第一年,被掳到金国的老皇帝也就是赵构的父亲宋徽宗还通过南归的宋臣曹勋带话给赵构:"艺祖有誓约,藏之太庙,誓不杀大臣及言事官,违者不祥。"[注]

这是上一任对下一任、父亲对儿子必须交代的重要祖训,也是做皇帝要遵守的一项规定。赵构不想招惹什么不祥,不想遭天打雷劈,也不想坏什么规定,尽管后来他还是坏了。

得到皇帝恩准的韩世忠谢过皇上隆恩后这才起身。赵构也站起来走了几步,靠近韩世忠,说:韩帅纵横疆场三十余年,如今能回去安享晚年,与家人共享天伦之乐,乃是幸事一桩,应当珍惜。朕也为你高兴。

"朕都还不能和家人团聚。"说这句话的时候,赵构的眼角似有泪花。

韩世忠请求告老回家后,"遂以所积军储钱百万贯、米九十万石、酒库十五,归于国"。在他留下来的书帖《高义帖》中所说"以私家身物,悉进朝廷",即指此事——"世忠再拜。日者事绪种种,每荷周全,自非高义,何以及此。世忠近以私家身物,悉进朝廷,复得圣旨,令世忠般取缕细。专遣人拜闻,谅已垂念。若更蒙颐旨,早与发遣,乃出厚赐也。叠有千溷,悚仄之剧。世忠再拜"。

注 陆游《避暑漫抄》对此有详细记载:艺祖(宋太祖)受命之三年,密镌一碑,立于太庙寝殿之夹室,谓之"誓碑"。用销金黄幔蔽之,门钥封闭甚严。因敕有司,自后时享及新天子即位,谒庙礼毕,奏请恭读誓词。是

八 老将的眼泪

韩世忠书《高义帖》，现藏故宫博物院

年秋享，礼官奏请如敕。上诣室前，再拜升阶，独小黄门不识字者一人从，余皆远立庭中。黄门验封启钥，先入焚香明烛，揭幔，亟出阶下，不敢仰视。上至碑前，再拜，跪瞻默诵，讫，复再拜而出。群臣及近侍，皆不知所誓何事……靖康之变，兵人入庙，悉取礼乐祭祀诸法物而去，门皆洞开，人得纵观。碑止高七八尺，阔四尺余，誓词三行：一云"柴氏子孙，有罪不得加刑，纵犯谋逆，止于狱中赐尽，不得市曹刑戮，亦不得连坐支属"。一云"不得杀士大夫及上书言事人"。一云"子孙有渝此誓者，天必殛之"。至建炎中，曹勋自北中回，太上寄语云："祖宗誓碑在某处，恐今天子不及知"云云。

八 老将的眼泪

九

秦桧踢了自家的猫以后

秦桧踢到自家猫的那一脚不知是有意还是无意，只是对于那只平时在秦府中得到万般宠爱而没有受到过挫折的猫来说，这一脚带给它的刺激、惊吓实在太大了，以至它发出一声尖叫，反过来把秦桧吓了一跳，而后它瞬间逃得无影无踪。

这是秦桧六岁的孙女最喜欢的一只狮猫，在当时狮猫是猫中的名贵品种，秦桧家的狮猫自然是贵上加贵。那天秦桧的孙女玩累了在睡觉，等她醒来了，找不到狮猫，便哭着喊着要大家把它给找回来。秦桧的孙女刚生下来即被封为崇国夫人，秦桧对孙女百依百顺，又不能说自己踢了猫的事，只能一边哄孙女，一边大声地叫人快去找，秦府上下顿时为一只猫乱成一团。

那只猫往外逃窜的时候,估计心情是悲愤的:我再也不回来了!不过一直娇生惯养的它,估计跑到外面很快就发蒙了,外面的世界很大,外面的世界很精彩,外面的世界也很无奈,它失去了方向,它没有在外面独立生活的能力,最终没有人知道它去了哪里,是生是死。

秦丞相家的猫,那可比人金贵多了,除了秦府的人纷纷展开了寻猫行动,得知消息的地方官员也立即派人大街小巷挨家挨户地搜查。最后,找到了几百只狮猫,也顺带抓了上百号人。一时间杭州城里猫犬不宁。

南宋虽说偏安江南,但这并不妨碍大家追求时尚,追求潮流,追求享受。在"西湖歌舞几时休"的杭州,养宠物猫在当时也是有钱有闲人的时尚,所以能找出几百只狮猫,也不是什么稀奇事。

这几百只狮猫被送到秦府,一只只送到秦桧孙女的面前让她认,她都一一摇头,最终没有一只是的。

地方官员无奈,令人画了几百张"寻猫启事",张贴于茶馆、酒肆等人多的地方,最终还是一无所获。

一只猫不见了,秦桧并不在乎,尽管他很宠溺孙女而孙女又很宠溺这只猫,尽管只有他心里清楚,这只猫是被他踢了一脚后逃走的,但这些都不重要,毕竟狮猫就是一只猫而不是狮子。小孩子哄一哄,过两天自然也就忘记这事了。让秦桧后来一直忘不掉放不下、想起来就牙痒痒但又无可奈何的是韩世忠,这个人是狮子,会伤人。秦桧没想到韩世忠放声一哭,居然就逃过一劫。

韩世忠与秦桧一直不对路,最让秦桧对韩世忠恨之入骨的是,即使他当了丞相,韩世忠照样不给他面子,甚至当着群臣的面指责他误国。

能当上丞相、当稳丞相,除了机会,原因还在于秦桧摸透了皇帝的心思。赵构嘴上说要"恢复中原,迎回二圣",从心底里却只想偏安江南,虽然半壁江山被金人抢走,但只有一半江山的皇帝,那也是个皇帝。秦桧深知这一点,力主议和就是唯一的正确选项。

主战派中,韩世忠是资格最老也是最敢说话的,他和主和派秦桧之间的矛盾,也就必然是不可调和的。

金人在1138年废掉了伪齐的刘豫,引起中原一带的不稳定。韩世忠认为这是个绝好机会,请求带兵北伐,但秦桧不但不许他北伐,还下令把他从江北调到江南,让他退守镇江。韩世忠心里那个气呀,上书赵构,直言秦桧误国,请求军队留在江北防守江淮一带,但没有得到允许。连续多次上书力陈和议之非也得不到回应后,韩世忠千里单骑回杭州,当面向赵构请战,斥责秦桧误国,但赵构只是当面表扬了他一番。

这年底,金使来到宋国,提出议和条件:宋对金称臣,每年上贡钱物,赵构必须脱下黄袍,改穿臣服,面北跪拜接受

"诏令"。事情传开,举朝震动,一众正直大臣都上书反对,韩世忠请求带兵与金作战,哪里金军最多,他就愿意去那里。铁了心议和的赵构依然不许。

无奈之下,韩世忠决定铤而走险,密令部下扮成红巾军[注],埋伏在金使要经过的地方,准备杀掉金使,破坏和谈。结果有人告密,金使改道而归,计划失败。

正愁抓不到把柄的秦桧拿这事在赵构面前参了韩世忠一本:韩世忠要杀金使,是不听君命,要坏皇上的事儿。

赵构倒没多追究,既然这事未遂,没有造成实际后果,后来就口头批评了几句,算是过去了。

这并非赵构大度,他其实也不满韩世忠的这一举动。但他心里煞清楚,现在要和金对抗,只能依靠韩世忠、岳飞他们,没有他们,宋就没有力量和金抗衡。之所以能够和谈,那是因为谁也干不掉谁,这才有坐下来谈的基础。如果力量悬殊,你根本不是人家的对手,那还谈啥,人家直接就把你灭了。所以要坐稳这半壁江山,还得靠韩世忠他们,但又不能让他们过了,尺度要把握在皇帝自己手中,一旦过头或越界了,那就要收回来,就像后来即使下十二道金牌,也要把岳飞召回一样。

秦桧并不甘心,现在朝中大臣能和他秦相一较高下的,也就韩世忠了。人没有对手其实也很无聊,有旗鼓相当的对手,秦桧觉得也很好,这能激起他的斗志,所以他就认定了韩世忠,要看看他俩谁更厉害。

时不时地,秦桧会不露声色地在赵构面前诋毁韩世忠几句,但都收效甚微。毕竟从拥帝上位到护驾南下再到后来助其复位,韩世忠都是立了大功的,他和赵构还真不是一般的感情。

不过,秦桧终于等来了机会,在秦桧当丞相后的第四年,与韩世忠、岳飞并列为"中兴四将"之一的张俊,与秦桧"眉来眼去",勾搭到一起了。

张俊会和秦桧走到一起并在之后成为陷害岳飞的主力队员,和之前赵构跟他的一次谈话直接相关。淮西宣抚使张俊撤军后入谒赵构,赵构问他有没有读过《郭子仪传》,张俊没有看过,只能说自己一介武夫才疏学浅。赵构告诫说:"子仪方时多虞,虽总重兵处外,而心尊朝廷,或有诏至,即日就道,无纤介顾望,故身享厚福,子孙庆流无穷。今卿所管兵,乃朝廷兵也,若知尊朝廷如子仪,则非特一身缮福,子孙昌盛亦如之。若恃兵权之重而轻视朝廷,有命不即禀,非特子孙不缮福,身亦有不测之祸,卿宜戒之。"

这样的谈话,直接一点说就是威吓了。张俊诚惶诚恐,伏地谢恩。

再说张俊自身屁股并不干净,他必须找个靠山,才能保住自己的地位、权势和多年以来聚敛的巨额财产。张俊在世时家中银子堆积如山,为防止被偷,他命人将银子都铸成一千两一个的大银球。这些圆溜光滑且重的大银球,小偷即便想偷也没办法拿走,所以叫"莫奈何"。

经过几年的战争,金军在江淮一带已精疲力尽,尤其吃了几次败仗后,已无力再战。宋与金分治南北的局面渐渐稳固下来。战争减少,于国于民都是幸事,但对于军队来说其作用和地位就下降了,朝廷的主和派已占据上风。张俊看到了这一点,主动投靠秦桧,两人一拍即合,张俊积极响应秦桧收归兵权的倡议。

秦桧最亲近的党羽有数十人,包括其儿子与妻舅等。一天,秦桧邀勾龙如渊、孙近、范同、施廷臣、莫将等党羽到都堂密商大计。商议结束后,侍从皇帝左右、当时任职给事中的范同扯了一下秦桧的衣袖,用手指指都堂东南角的水亭,秦桧会意,两人一起来到水亭,亭子四面皆空,范同向秦桧献计:调三大将到枢密司任职,解除他们的兵权。秦桧一听,这主意好,拍拍范同的肩膀说:要靠你成此大功。说完两人相对大笑。勾龙如渊等人这时还在都堂并未散去,但不知道他们两个谈什么又笑什么。

不过事成之后,范同自恃有功,经常直接向皇帝汇报工作,为秦桧所忌,于是秦桧授意万俟卨谏言罢免范同,后范同被贬官。

秦桧后来给赵构的密奏是这么说的:现在边境已经安稳,不需要让将领带军队分头驻扎在外地,而应该把兵权集中到朝廷,以免将领在外扩充军力,拥兵自重,到时难以控制。外敌一二十年都灭不了我们,内乱却是一两天就可以更换朝廷的。

这话可是戳中了赵构的痛点,尤其是苗、刘叛乱之后,赵构对拥兵自重是十分忌惮的,从那以后,他每天晚上睡觉时身边都放着一把小刀。至于后来,这把小刀就用来防秦桧了。

于是他很快采纳了秦桧的建议,以奖赏柘皋之捷的名义,将韩世忠、张俊、岳飞三人召回宫中。

> **注** 在北宋末年即有抗金的红巾军,《建炎以来系年要录》卷九记载:"有红巾军……于泽、潞间劫左副元帅宗维寨,几获之,故金捕红巾甚急;然真红巾终不可得,但多杀平民,亡命者滋益多。"两宋期间,不论是抗金还是反宋,民间起事者多戴红巾。红巾一词因此也是对绿林豪杰的泛称。所以韩世忠让手下官兵扮成红巾军伏击金国使臣,就更具有隐蔽性。历史上影响最大的红巾军则是元末的红巾军起义。

十

有个名头就行

先说一下发生在安徽巢湖西北即当时被称为柘皋之地的这场战役。

岳飞被十二道金牌召回后不久，金兵再一次南下攻打宋国。事情的起因是，金军统帅完颜宗弼[注]在这年秋冬之交朝见金熙宗，提议出兵南下攻打宋国。完颜宗弼提议出兵南下？他这是吃错药了吗？之前他曾几次带兵南下，但都被韩世忠、岳飞打得稀里哗啦的，现在怎么又主动提出出兵南下？完颜宗弼当然不傻，也正是因为前面几次失败，他需要打一两场胜仗来稳固自己的话语权。而他看到现在南宋朝廷为了保和谈将军队南撤，在淮西只有三支军队，淮西宣抚使张俊八万人，淮北宣抚副使杨沂中三万人，淮北宣抚判官刘锜两万人，兵力虽不少，但战斗力不强；而且南宋朝廷内部分歧明显,主和派占上风,对主战派将领形成牵制;同时他已经看清金宋只能和谈,那么边打边谈,可以掌握更大的主动权,捞到更多的油水。

得到金熙宗同意,完颜宗弼随即调集兵马。次年正月,乘各路宋军奉诏南撤之机,完颜宗弼率十万骑兵再次进攻南宋,渡过淮河,向南长驱直入。面对金军的攻势,南宋朝廷急令大将刘锜、杨沂中、张俊分率所部渡长江抗击。刘锜的部队首先来到,后与张俊、杨沂中所率部队分路进击,金军败退至安徽巢湖西北,也即当时的柘皋。

这一带地势平坦,金军认为利于骑兵作战,于是将主力集结于柘皋。但是完颜宗弼的运气总是差一点,这时候天公不作美,大冬天下起了大雨,河水暴涨,泥泞的道路加上湿冷的天气,金国的骑兵无法发挥优势。宋军最先到达的是刘锜部;接着是王德率领的张俊部,这个时候张俊自己带着大部分人马躲在后方并未直接参战,而是将王德升任都统制,由他带着小部分人马进击并负责指挥作战;杨沂中最后率人马赶到。随后双方展开大战。杨沂中轻敌冒进,首先遇挫。王德发现敌军右翼为其劲旅,继之指挥将士集中力量攻击,王德射杀两名骑兵指挥,并乘势大呼,步兵挥舞长柄大斧突入敌阵,打败金军。而金兵望见"此顺昌旗帜也",更是不战自乱,因为半年前刘锜的军队在安徽阜阳(时顺昌)以少胜多大败金兵,给金兵留下了严重的心理阴影。

宋军乘势收复合肥(时庐州),金军则开始北退。

一直躲在后方的张俊这个时候来劲了,因为敌军已退,他觉得安全了,更主要的是不能让刘锜因这场胜仗再得封赏了,顺昌大捷让刘锜一下子官升好几级。于是张俊命刘锜退兵到芜湖、马鞍山一带(时太平州),自己和杨沂中则准备去收复淮河一带的城池,乘机捡便宜捞功劳。杨沂中是张俊的老部下,两人早就倚为"腹心"。

这个时候岳飞受朝廷之命也赶到了合肥,张俊一听以为岳飞要来摘胜利果实,赶紧派人告诉岳飞"前途乏粮,不可行师"。岳飞对老上级的那点心思也是心知肚明,他从心底里瞧不起这样的人,也根本无意要抢功,于是退兵。

完颜宗弼毕竟也是厉害的角色,其实只有少数金兵北退,完颜宗弼把大部分人马埋伏在安徽凤阳(时濠州)附近。等宋军进了凤阳城,埋伏的金兵突然杀出。张俊没料到完颜宗弼会玩这一招,惊慌失措,马上又派人命刘锜回来救援。但等刘锜赶到时,凤阳城已失,宋军只得退师。

不久张俊又得到消息,金兵在城里抢掠一番后撤退了,他抢功劳的瘾又上来了,让杨沂中和王德带兵进城。刘锜认为敌军刚得城就马上退出,必定有诈。张俊本来就想撇开刘锜,既然刘锜这么说正好就不让他去了。杨沂中和王德带六万人马到了凤阳,还未立定,突然城中烟火升起,埋伏的金兵从两翼杀出。最后杨沂中、王德只身逃回,所率军

有个名头就行

兵大部被歼。

韩世忠奉命从淮安率部赶到凤阳时,败局已无可挽回。金军还企图阻断其归路,韩世忠率部且战且退,又回师淮安。岳飞得知战况,带兵来到凤阳以南的定远,金兵闻风退到淮河以北。

张俊回朝后,反诬刘锜作战不力、岳飞逗留不进,这也成了日后杀岳飞的罪状之一。柘皋之战后,其他将领都按功劳大小得到了奖赏,而刘锜没有得到任何奖赏。几个月后,刘锜被张俊解除兵权。

剥开金玉其外的那层粉饰,对南宋来说这是一场充满钩心斗角的丑陋、结果也是小胜大败的战役。但此时急于收回三大将兵权的赵构和秦桧,一时找不到更好的名头,只能拿这么一场其实摆不到台面上的"大捷"来召回在外之将。对他们来说,这时候有个名头就行,至于这个名头是不是名副其实并不重要。

这中间还有一个小插曲,韩世忠、张俊都到了杭州,岳飞却迟迟未回。这让秦桧有点担心:莫不是走漏了风声,岳飞知道要交出兵权?这中间他也见机在赵构面前嘀咕几句:将在外还真是君命有所不受啊。待在皇帝身边的一个好处就是,有机会不动声色地说几句看似无意的话,影响皇帝的情绪和判断。

其实赵构也和秦桧一样提心吊胆,生怕岳飞心生什么变故，但赵构还算沉得住气，在众人面前不露声色，"益令堂厨丰其燕具。如此展期以待，至六七日"，秦桧在他面前嘀咕的时候，他还为岳飞开脱了几句。

及至一周后岳飞回来，三将坐定，赵构宣布提拔三人：韩世忠、张俊任枢密使，岳飞任枢密副使，同时撤销三人原来的宣抚使职务，宣抚司这个机构也就被精简了。

宣抚使就是在各地领兵的大将，相当于我们今天的大军区司令员，现在军区撤销了，三大将调枢密司任职，就相当于担任国防部部长、副部长了。明升暗降，这也是古代那些玩弄权术的当政者擅长的一招，这样三人的兵权实际就被剥夺了。

最后赵构用很诚恳的语气勉励三人："朕昔付卿等以一路宣抚之权尚小，今付卿等以枢府本兵之权甚大，卿等宜共为一心，勿分彼此，则兵力全而莫之能御，顾如乌珠（即兀术），何足扫除乎！"（见《建炎以来系年要录》）就是说：以前给你们的权力太小，现在给你们的权力很大，以后你们就到皇宫总部来上班，要团结一致同结一心不分你我，那样我们大宋的军队就强大无敌了，什么金兀术之流的根本就不是我们的对手。

明明谁都知道这是假话，但有些人就是能把假话说得冠冕堂皇而且没有一点点不好意思。

早就和秦桧密谋好的张俊首先表态：皇上英明，服从安排。韩世忠、岳飞也不好说什么，只能谢主隆恩接受安排了。这时候，早就守候在一旁的宫中卫士直接给三人带路去枢密司上班。"带路"只不过是借口，其实就是押送。

宋国历史上，这是第二次解除大将兵权。不过这次赵构学大宋开国皇帝赵匡胤杯酒释兵权，怎么看都是画虎类猫。

张俊的表现让赵构、秦桧很满意，赵构立即下诏嘉奖张俊，在诏书中还特别强调："李（光弼）、郭（子仪）在唐俱称名将，有大功于王室；然光弼负不释位之衅，陷于嫌隙；而子仪闻命就道，以勋名福禄自终。是则功臣去就趋舍之际，是非利害之端，岂不较然著明？"（《见建炎以来系年要录》）以唐代两位大将对比当下，言语所指，一目了然。

《建炎以来系年要录》对赵构与秦桧密谋夺大将兵权这件事有一段特别详细的记载："主上圣明，察见兵柄之分，无所统一，凡有号召多托故不至，于出师之际，又不能协力徇国家，恐有缓急，必致误国大事。乃密与桧谋，削尾大之势，以革积岁倒持之患。一日。大廷宣制除张俊、韩世忠、岳飞三帅为枢密使、副。由是天下兵柄尽归朝廷矣……有识之士，方惧金人之平四方底定，而此辈跋扈自肆，意外事有叵测者。"

注 完颜宗弼，金代大将，女真族，也称斡啜、兀术（zhú）。金太祖完颜阿骨打第四子。一直是金国主战派的代表，并多次领兵南侵。

十一

朝廷"二人转"

赵构和秦桧最终能成为最稳固的盟友,和他们一段有点相似的经历不无关系。

在赵桓哭哭啼啼被人抬着坐上皇位成了宋钦宗的第二年,宋金议和,金国提出必须派一个亲王前去议和。赵桓坐在龙椅上,问满朝文武大臣和皇亲国戚谁愿意"替朕分忧"担此重任,一时朝堂寂静,无不战战兢兢。谁都知道,说是出使,其实无异于羊入狼窝,随时都有生命危险。宋徽宗儿子很多,现在倒好,皇位由你赵桓占去了,去送死的风险凭什么让其他兄弟去承担?站在朝堂上的亲王自然也无人吭声,现场气氛有点尴尬。就在似乎无解的时候,传来声如洪钟的两个字"我去",有一个人站了出来并发表了一番慷慨激昂的演说,他就是宋徽宗的第九个儿子,当年才十九岁的赵构。正不知所措的赵桓见有人主动请缨,大喜过望;其他那些在寂静的尴尬中略显得不自然的亲王也如释重负。

赵桓对这个关键时刻挺身而出的弟弟自然是感激的,把赵构的母亲韦氏晋封为贤太妃,并承诺等赵构回来后给他加官。就这样,赵构和宰相张邦昌一起出使金营。临行时赵构从容镇定,而随行的张邦昌则哭哭啼啼,连马都上不去。赵构嗤之以鼻:"张宰相你一把年纪了,我才十九岁,难道你命比我还金贵? 我都不怕你怕什么?"张邦昌面露愧色,擦擦眼泪上马启程。

到了金营,张邦昌每天战战兢兢,在金人面前卑躬屈膝。而赵构则泰然自若,不卑不亢,每天看书练字。据说有一天金军元帅完颜宗望见赵构在看《孙子兵法》,就嘲笑他:"看兵法书有什么用? 你们还不是打败仗。"赵构也不答话,指着完颜宗望身后的一把弓问:"这是你的弓吗?"完颜宗望露出轻蔑的神态说:"这是我国的宝弓,你们宋国人是拉不开的。"赵构二话没说,拿起弓对着完颜宗望开弓搭箭。完颜宗望吓得落荒而逃。完颜宗望要挽回面子,就和赵构比箭法,结果完颜宗望三箭中一,而赵构三箭全中。

完颜宗望不由得怀疑:这个亲王是假的吧? 以前出使金国的个个懦弱无能,王室哪有这么强悍的人? 可能是哪个武将的儿子冒名而来。后来赵桓派人夜袭金营,反被金军杀得大败而逃。这让完颜宗望更加怀疑:人质还在我手中，宋军居然来偷袭，可见赵构不是亲王，要不然怎么可能不管他死活。于是完颜宗望提出换人，点名要宋徽宗的第五个儿子赵枢来替换赵构。

一个置自己生死于度外的赵构，一下子在宋国上下树立起了高大的形象。后来在宋徽宗、宋钦宗二帝被掳金国后，他得到众多将臣拥护称帝，主要原因虽然是作为王室的"漏网之鱼"，他是唯一正统的皇帝人选，但这次出使金营树立的威望也不可忽视。只是人们没有料到，日后赵构竟像变了个人似的。

另一个让人料想不到的人是秦桧。

当金人打算扶持张邦昌成立一个傀儡政权时，百官抗议，像张浚、赵鼎等都不肯签名，逃入太学。不断有宋国官员要求继立赵氏后嗣为君，金人最后不耐烦了，干脆直接点名立张邦昌，并下令谁再提立赵氏就惩罚谁。到这个时候基本上就没人敢再提这事了。唯独秦桧，再次上书请求立赵氏，金人对此十分不满。在大家迎接张邦昌的时候，秦桧站出来大骂张邦昌窃国，强烈反对立其为君。金人大怒，将秦桧抓到金营关押。本来可以无事的秦桧，因这一骂，便与宋徽宗、宋钦宗二帝一道被掳北上，开始颠沛流离的屈辱生活。

但秦桧后来在金军那边混得不错，不仅成为座上客，还上书金军统帅完颜宗翰，提议金宋议和；后又跟随完颜昌南征自己的国家,甚至还当了高参,干上金军随军转运使的差事。

这确实是历史上非常富有戏剧性的一幕:一个主动请缨出使金营的皇子,当了皇帝后却一味摇尾乞怜屈膝求和;一个慷慨激昂的忠臣,在危难时刻敢于挺身而出怒斥一个卖国求荣的大汉奸,当了丞相后却成了大奸臣。

也许是他们都在金人手下度过那种危在旦夕、毫无尊严的日子,因此他们在贵为天子或位极人臣之后,便要不惜代价保住来之不易的荣华富贵。

有一种说法:赵构应该是暗中和金人达成了某种协议,才换来金人放他回宋国的;而秦桧则是由于其妻王氏与金将完颜昌私通,完全取得了金人的信任,从而被完颜昌遣回并安插在宋国的。

历史的细节已经无从还原,他们真实的想法旁人也无法猜透,但有一点可以肯定:议和是他们共同的利益点。都说没有永远的朋友只有永远的利益,这句话是赵构和秦桧利益同盟的最好注解。被抗金派裹挟得下不来台的赵构,在看过秦桧起草的议和文书后便发现,原来他们的政治见解是如此一般无二,或者说他们的利益点是如此一致相通。于是,秦桧不费吹灰之力就当上了丞相,开始了与赵构长达二十余年的政治"二人转"。

光脚的不怕穿鞋的,但光脚的一旦穿上鞋了就比原来有鞋的更怕失去鞋子。赵构称帝后，认为自己从一个逃难的落魄康王成了一国之主，幸福来得太快太意外了，唯有议和，他才能保住这幸福生活，才能保住这半壁江山。秦桧成了一人之下万人之上的丞相后，位极人臣，炙手可热，最后连赵构都要让他三分。这是他几经沉浮后得来的，同样也认为唯有议和，他才在赵构和金人眼中有利用价值，才能保住他比皇帝有过之而无不及的奢华生活。后来金国在和宋国达成《绍兴和议》时，提出一个附加条件，要保证秦桧的丞相之位永不废除，这让赵构对秦桧虽心有所惧却也无可奈何。

秦桧死后，赵构还生怕主战派会因此而否定议和，立即下诏宣称议和是自己的本意，还给秦桧加封申王，赐谥"忠献"。该是何等诱人的共同利益，才能让盟友铁到这个分上！

韩世忠、岳飞对赵构保住皇位是立下汗马功劳的，以他们的功绩尚有性命之虞，就更不用说其他反对议和者了。

曾官至宰相的赵鼎，被称为"南宋中兴贤相之首"，与李纲、胡铨、李光并称为"南宋四大名臣"。金军攻陷太原时，朝廷商议割让三镇土地，赵鼎慨然直言："祖宗之地不可以给人，为何还要商议？"但贤相后来为奸相秦桧构陷，然后从泉州、漳州到潮州，一路不断被贬谪，最后去了今天的三亚（时吉阳军）。今天的三亚是旅游胜地，当年却是流放罪人的蛮荒之地。赵鼎被贬到海南时已经六十高龄，得知自己被贬到海南的消息时,赵鼎上谢表:"白首何归,怅余生之无几;丹心未泯,誓九死以不移。"秦桧得知后恨恨地说:"此老倔强犹昔。"秦桧告知当地官员每月要向自己汇报赵鼎是死是活。自知秦桧必欲置他于死地,赵鼎托人告诉自己的儿子说:"桧必欲杀我。我死,汝曹无患;不尔,祸及一家矣。"为了不连累家人,在海南岛生活了三年的赵鼎最后绝食而死,死前他给自己写下墓志铭:"身骑箕尾归天上,气作山河壮本朝。"

四大名臣之一、主张"一切罢和议"的李纲,在赵构即位之初一度被起用为相,曾力图革新内政,但仅七十七天即遭罢免。他多次上疏陈述抗金大计,但均未被采纳。作为坚定的主战派,他一直遭宋廷主和派的排斥和诬陷,仕途几经沉浮,也曾被流放海南。宋金达成和议,金国要赵构跪拜接受诏书,李纲闻之拍案而起,向赵构痛斥金国无礼,当"应天顺人,光复旧业"。赵构虽当众赞扬李纲"大臣当如此矣",但还是与金国订立屈辱的《绍兴和议》,向金称臣纳贡。和约签订后,朝廷还举行庆祝活动,赵构命百官进呈贺表,普遍加官晋爵,李纲也被任命为荆湖南路安抚大使兼知潭州,但坚决反对和议的李纲不肯受命,称病力辞。

罢免李纲引起了很多人不满,其中包括太学生陈东,陈东就上书请求留下李纲,罢免同居相位而极力主张投降的黄潜善、汪伯彦(秦桧的老师)等人,赵构没有答复。陈东又请求赵构亲征,以迎回二帝,对不图进取的将领予以治罪,也没有得到答复。黄潜善等人极力怂恿赵构去南京,陈东又上书请求罢免黄潜善等人。适逢平民欧阳澈上书建议改革政治,抵抗金人,斥责黄潜善等人。黄潜善对赵构说,如果不赶快杀掉陈东等人,那么又会发生鼓动众人伏阙上书的事(此前发生过一次上万人的集会)。赵构和黄潜善经过密谋,将陈东与欧阳澈一起斩首示众。

当宋使王伦从金国带来了议和条件,赵构和秦桧不但不以屈辱的条件为耻,反而欣然接受。主战派大臣如韩世忠、岳飞、胡铨等纷纷上疏,反对投降。也是四大名臣之一的枢密院编修官胡铨在奏疏中请斩秦桧、使臣王伦以及附和秦桧的参知政事同知枢密院事孙近,疏中说:"愿斩三人头,竿之藁街,然后羁留敌使(指金使萧哲),责以无礼,徐兴问罪之师,则三军之士不战而气自倍。"他还表示如果不这样,他宁愿投东海而死,也决不在小朝廷里求活。胡铨这篇奏疏一经传出,声震朝野,宜兴进士吴师古迅速将此书刻版付印散发,吏民争相传诵。金人听说此事后,急忙出千金求购此书,读后,君臣大惊失色,连连称"南朝(金人对宋国的称呼)有人"。奏疏上报之后,秦桧认为胡铨狂妄凶悖,鼓众挟持,诏令除名,贬送广西,后迫于公论,改派胡铨去广州。胡铨遭罢官,群情激愤,杭州街头甚至有人贴出醒目的榜文:"秦相公(秦桧)是细作(奸细)!"

朱松，理学大家朱熹的父亲，与同僚一起上章极力反对向金称臣，因而触怒秦桧及赵构，不得已自请赋闲。后又因极力反对权相秦桧议和而被贬任江西饶州（今江西鄱阳）知州，然而未到任便病逝。

岳飞手下的大将牛皋，生性秉直，对岳飞之死愤愤不平，时常公开反对议和以及表达对秦桧等权臣的不满。秦桧之前曾想拉拢牛皋，但牛皋不为所动。牛皋的言行引起了秦桧的记恨，密令都统制田师中以宴请各路大将为名，用毒酒害死了牛皋。牛皋中毒后悲愤交加："恨南北通和，不能以马革裹尸！"次日卒。

有一种人，从来就把人分成两类，不是朋友就是敌人。这种人如果是个平头百姓危害倒还不大，一旦有权有势，就会将所有与他不是同一战线的人视为障碍，必欲除之而后快。秦桧就是这类人的典型。不要说拉拢不成的牛皋，就是与他同谋害死岳飞的张俊和万俟卨，稍有违逆他也不能容忍。秦桧答应张俊搞倒韩世忠、岳飞之后，由他统掌兵权，但当张俊真的"居位岁余，无请去之意"时，秦桧又找人弹劾他。张俊也总算明白，和秦桧玩那就是与虎谋皮，心灰意冷之际也就退位了。至于万俟卨，一天退朝后，秦桧派人将自己整理的一份用人名单送到万俟卨那里，希望万俟卨签字同意。没想到万俟卨不给秦桧面子，说"不闻圣语"。秦桧大怒，从此与其不交谈，并令人连续上奏弹劾万俟卨，最终万俟卨被罢官。

像韩世忠这样一直看不惯秦桧的,秦桧自然对他恨之入骨,所以他第一个想动手除掉的大将就是韩世忠。当时举朝都忌惮秦桧的势力而附和他,只有韩世忠,除在朝堂上对他礼貌性地一揖之外,与他并无别的什么话可说。对于秦桧的议和主张,韩世忠几次在朝堂上当面指责秦桧祸国,还多次上奏请求罢免秦桧。家人担心他得罪秦桧惹来祸患,有时也劝他,他的回答很干脆:"今明知其误国,乃畏祸苟同,异时瞑目,岂可于太祖官家殿下吃铁杖耶?"

所幸的是,赵构尚念其忠心与功劳,所以韩世忠虽壮志未酬但也得以安度余生。一代功臣名将,要靠掌权者良心发现才能善终,这是何其悲哀的一个时代!

十二

翠微亭里的托付

　　英雄与英雄,如果不是互不买账就会惺惺相惜。厉害的人跟厉害的人在一起,基本上没有第三种相处的模式。

　　韩世忠与岳飞,起初并无交集。后人所称的"中兴四将",大家都是各带一支军队各守一方疆土。只是岳飞曾经是张俊的部下,后来岳飞战功卓著,提拔很快,三十来岁就与他们平起平坐了。

　　岳飞比韩世忠小十四岁,比张俊小十七岁,所以在他俩面前一直谦逊恭敬。岳飞最初不时给韩世忠写信,但韩世忠从来不回。

　　岳飞手下不少年轻气盛的将领,劝岳飞:"你现在官职和他们一样大,何必在他们面前这么低声下气的?"

　　岳飞笑笑,依然对他们恭敬如初。

岳飞与韩世忠的关系、岳飞与张俊的关系,后来演变成两个完全相反的走向。

这就是人与人之间的不同,能不能说到一起、走到一块,就看心胸、品德、性情。

虽然韩世忠最初没怎么搭理岳飞,但在岳飞平定杨么之乱后两人开始成为好友。

钟相、杨么叛乱,南宋朝廷最初没太当回事,在局势动荡的年头,有人叛乱有人造反是经常有的事。但钟相死后,杨么领头的这股反叛势力越来越强大,他们凭借洞庭湖水系屏障以及所造的大船小船与官兵对抗,以至朝廷派兵打了四年都未能取胜。

眼看着杨么势力越来越强大,甚至要和伪齐联盟,朝廷只得派岳飞前去清剿。结果岳飞只用八天时间,就剿灭了朝廷四年未能平定的叛军。

这一仗让岳飞和他的岳家军更声名远扬。大胜而归的岳飞从缴获的三十来艘大型战船中挑了两艘,一艘送给张俊,一艘送给韩世忠。韩世忠收到战船大为高兴:你岳飞够意思! 韩世忠登上战船溜达了一圈,和送战利品来的岳飞的部将相谈甚欢。张俊收到战船,心里却嘀咕:你小子这不是在显摆功劳吗? 只是不悦的神情并没有露出来。

同样的举动却引来了两种完全不同的解读。这两艘友谊的大船,从此驶向了两个完全不同的方向。

十二

翠微亭里的托付

韩世忠和岳飞都出身寒门,也都因在战场上一路拼杀而成为朝中大将,又都是坚决的主战派,这些都是他们两人关系一步步加深的基础。

后来发生的一件事情让两人的关系又进了一步,岳飞手下有个将士叫李宝,人虽长得矮小却武艺高强,韩世忠有心让他留下,但李宝拒绝了,原因是他已投在岳飞麾下。韩世忠实在爱才,便写信给岳飞。

岳飞回信:"均为国家,何分彼此,元帅既然爱李宝,当请留用。"韩世忠收信后曾感叹:自己气度不如岳飞大啊。

岳飞被十二道金牌召回后不久,就写下了千古绝唱《满江红》。韩世忠看到这首慷慨激昂的词作之后,也有感而发,写下了一首同样壮怀激烈、气吞山河又悲怆难掩的《满江红》:

万里长江,淘不尽、壮怀秋色。漫说道、秦宫汉帐,瑶台银阙。长剑倚天氛雾外,宝弓挂日烟尘侧。向星辰、拍袖整乾坤,难消歇。

龙虎啸,风云泣。千古恨,凭谁说?对山河耿耿,泪沾襟血。汴水夜吹羌笛管,銮舆步老辽阳月。把唾壶敲碎问蟾蜍,圆何缺?

直到岳飞和张俊同赴淮安巡视,岳飞不但直接拒绝了张俊要求罗织韩世忠罪名的明示暗示,还提前给韩世忠通风报信。

韩世忠能躲过杀身之祸,心中对岳飞是记恩的。张俊则因此对岳飞更为记恨,之后成为陷害岳飞的主要帮凶。现在岳王庙中跪着的四个铁人像中,有一个就是张俊。

岳飞父子被关押在大理寺后,一天韩世忠直接来到秦府。本来韩世忠这趟来,是想在秦桧这里试探一下还有没有什么回旋的余地。秦桧正要出去,见到韩世忠只是淡淡地问:"韩大人有何贵干?"韩世忠看他这种态度就有点火大,忍不住大声责问:"岳飞何罪之有?"秦桧不动声色地回了一句:"其事体莫须有。"韩世忠更加提高了声音:"相公,'莫须有'三字何以服天下?"一旁的人不敢作声,韩世忠拂袖而去。

韩世忠的刚烈之问与秦桧的奸猾之答,从此也世人皆知。

但已经告老回家的韩世忠也无力救岳飞。岳飞被害,让韩世忠尤为愤懑和愧疚:如果不是为了救他送那封信,岳飞或许不会死。

后来韩世忠在飞来峰建翠微亭,既是一种怀念,也是一种宣泄。

在翠微亭建成那天,韩世忠交代儿子:彦直,我年纪大了,有个心愿怕是这辈子实现不了了,岳大帅被冤死,我没能力救他,觉得心里不安啊,以后你有机会一定要替他们申冤,也了却为父的心愿。

即使父亲不开这个口,其实韩彦直心里也很清楚,岳飞被害后,父亲几乎天天喝得大醉,他心中的郁闷、愤懑无处可诉,只能借酒消愁愁更愁。韩彦直点头答应:父亲放心,岳云也是我兄弟,我一定会尽全力帮岳家讨回公道。

韩彦直第一次见到岳飞是四年前在南京。那年,赵构巡幸南京,韩世忠和岳飞奉诏前往朝见。韩彦直和岳云正巧各自陪父亲前往,两个将门虎子虽素未谋面却神交已久,都大有相见恨晚之感,这第一次见面两人就像老朋友一样无话不聊。抗金自然是他们聊得最多的话题,而朝廷一味求和也让他俩忧心忡忡,聊着聊着,两人突然激发灵感:不能派兵打到中原去,可以悄悄派人过去招降士民。等韩世忠、岳飞回来后,听了他们的想法,也一致叫好:这既能招来抗金志士,又能破坏和谈,还真是一举两得。

从南京回来后,韩世忠、岳飞就派人潜入中原一带,散发蜡弹与旗榜[注],因此真吸引了不少人来投奔他们。

金人得到蜡弹和旗榜时,适逢南宋朝廷派使臣王伦前去议和,金军副帅拿出蜡弹与旗榜责问:你们不断派人来议和,又暗中派间谍来做这样的事情,这是在欺骗我们,是想等我们不防备的时候进兵吗?王伦只得极力解释。

自从相见的第一天起,志趣相投的韩彦直与岳云就正式成为好友,此后的四年间,两人常有书信往来,后来又见过两面。

岳飞父子被害,韩彦直和父亲一样悲愤而无奈。

虽然韩彦直有心为岳飞父子申冤,但在秦桧当道之时,只得隐忍。

在父亲韩世忠去世后,韩彦直守完孝,就被怀恨在心的秦桧派到外地担任浙东安抚司,主管机要文字方面的工作。

四年后秦桧病死,韩彦直先后调任光禄寺丞、屯田员外郎、工部侍郎。

韩彦直在各地任职期间,曾多次接触岳家军的旧部老兵。当知道他是韩世忠的儿子,这些老兵和他提起岳飞父子时无不喟然长叹,潸然泪下。一位岳飞手下的中级将领,后来去职回乡,见到韩彦直后长跪不起,失声痛哭……

岳飞被害二十年后,1162年宋孝宗赵昚即位,岳飞冤狱终得平反,韩彦直也开始行动为岳飞伸张正义。

岳飞的家产田宅当年都在九江,岳飞父子被害后,家人被发配到云南,这些家产田宅也就陆续被一些官吏和恶霸瓜分霸占。

韩彦直派人调查清楚后,以朝廷的名义全部收回,如数归还给岳家后人。

曾经参与陷害岳飞的几个卑鄙小人,以及攀附秦桧的人,后来继续在军中任职。韩彦直摸清他们的下落后,调查

十二 翠微亭里的托付

搜集他们贪赃枉法的证据,然后上书朝廷,最后这些人要么被革职,要么入狱。韩彦直终于为九泉之下的岳飞父子出了一口恶气,"以慰忠魂"。

有其父遗风的韩彦直,想必让韩世忠的在天之灵也备感宽慰。

> **注** 蜡弹,即蜡丸,古时用蜡制成的圆形外壳,中置书状,可防止书状信息泄露和受潮。赵升的《朝野类要·帅幕》也有专门解释:"蜡弹:以帛写机密事,外用蜡固。"旗榜,也作"旗牓",指标有名号的旗子与榜文。《宋史·岳飞传》中有载:"以至禁卫龙虎大王下忔查千户高勇之属,皆密受飞旗牓,自北方来降。"

十三

一壶浊酒，一窗山水

　　韩世忠请求告老回家后，赵构下诏免了他的枢密使等职，同时又给他封了一个新的头衔醴泉观使，后来又封他为福国公。虽退休回家，但俸禄待遇一概不变。

　　如此待遇，等于给了韩世忠一张无形的免死铁券。这也是赵构想让天下人看到的：他不会亏待为他做事的人，他会优待有功之臣。

　　秦桧仍不死心，眼看包子吃到豆沙边，却在只有一步之遥的时候功亏一篑，这让他心有不甘。

　　要说耍手段，秦桧与韩世忠比，最后肯定是秦桧赢，但这不是秦桧想要的结果，他从来没有对对手手软过，他要彻底置对手于死地的赢。现在这个赢的结果不但没有让他有任何喜悦，反而让他有说不出的懊丧与发不出的火气。

他不想罢手,他不相信韩世忠就这样承认失败了。于是他派人暗中盯着韩世忠,他还就不信找不到韩世忠的把柄。

好人斗不过坏人,英雄敌不过奸臣,这是因为坏人整天都在盘算着如何与人斗。好人的存在是他们的障碍,对比出他们的猥琐、肮脏、卑劣,他们会在暗中用龌龊的手段对付好人,而好人不屑于那么做。这是好人的悲哀,有太多的历史悲剧也因此发生,不免让人喟叹不已。

秦桧派人盯梢了一段时间,还真没挑出韩世忠的毛病。他经常骑一头驴携一壶酒带一两个童子,在外面喝得大醉而归。也会在屋前屋后种菜种花,雅兴来了也会读书吟诗写字。

这些都没毛病,这是皇上愿意看到的韩世忠,耍了一辈子长枪大刀的手,最后拿起了笔杆子。赵构自己也喜欢拿笔杆子,他写得一手好字。

现在被人们引用最多的韩世忠的两首词就是在这个时候写的。

一天,韩世忠路过西湖的香林园,见里面有人正在宴请宾客,就径直往里走去,正要被人拦下时,请客的主人看见了,忙迎了出来,把韩世忠请到上座。

请客的主人叫苏符,字仲虎,当时任礼部尚书。他爷爷是北宋大文学家、"唐宋八大家"之一的苏轼,他的父亲是苏轼的长子苏迈。

苏符作为朝中正二品官员,虽说与韩世忠平时交往不多,但对韩世忠一直敬重有加。那天两人在席中相谈甚欢,韩世忠心情大好,喝得大醉而归。

第二天,韩世忠手书词两首并一只羊羔,派人送到苏符家中。苏符收到后,将韩世忠手书的这两首词特别封存起来,在包好的封面上写了"二阕三纸勿乱动"。

今天我们可以在故宫博物院看到韩世忠手书的这两首词:

赠苏仲虎尚书

临江山

冬看山林萧疏净,春来地润花浓。少年衰老与山同。世间争名利,富贵与贫穷。

荣贵非干长生药,清闲是不死门风。劝君识取主人公。单方只一味,尽在不言中。

南乡子

人有几何般。富贵荣华总是闲。自古英雄都如梦,为官。宝玉妻男宿业缠。

年迈已衰残。鬓发苍浪骨髓干。不道山林有好处,贪欢。只恐痴迷误了贤。

一壶浊酒,一窗山水

十二

若干年后的某个场合,苏符的儿子带着这两幅字给韩彦直看,韩彦直还把它们展示给在场的另一人费衮。韩彦直知道两首词从写作水平上来说一般,所以还替父亲解释了两句:"先人生长兵间,不解书,晚年乃稍稍能之耳。"费衮后来将此事记在他的《梁溪漫志》中。

清代词学家丁绍仪在其《听秋声馆词话》中,倒是对韩世忠的词有很中肯的评价:"词有因人而重,如杜祁公之《满江红》,韩蕲王之《南乡子》,其天真流露处,足与经济事功相映发,不当以工拙计。"

战乱年代,拳头硬才是硬道理,能打仗的韩世忠很轻视读书人,见面不叫"先生",而叫他们"子曰",显然是因为读书人张口闭口皆"子曰""诗云"。这事连皇上都听说了。一次赵构问他:"听说你把读书人称作'子曰',有这事吗?"韩世忠回答:"我已经改了。"赵构刚想表扬他,韩世忠接着说:"今呼为'萌儿'矣!"萌儿,即幼稚的孩子,赵构听了,也只好一笑作罢。

跟随韩世忠一生的兵器是一把重一百四五十斤的大刀,称为笔刀,刀尖锐利,刀背斜阔,柄下有鐏,因刀刃如饱墨之笔,故名。不知道用惯笔刀的手,刚提起笔的时候是不是感到轻如无物?

秦桧派人盯梢了一段时间,汇报上来的内容已让他自觉无趣。有一天探子来报,说韩世忠在飞来峰半山腰建亭子,秦桧根本就没把这当回事。不就建个亭子嘛,就是建栋房子也无所谓。可亭子建成后,韩世忠在亭子上挂出了翠微亭的匾额,还在旁边的大石壁上刻了题记,一看就是为岳飞鸣不平,这让秦桧有点如鲠在喉,不吐不快却又吐不出来。

秦桧后来借故他事,让那个探子走开了。

等韩世忠住到临安清凉峰下的杨溪村,赵构对他是彻底放心了,秦桧对他也是彻底放弃了。

无论对韩世忠还是对杨溪村来说,他们的相遇是个意外的惊喜。当初漫无目的地来,或许是冥冥之中有股力量在牵引,只是他们自己不知道罢了。

杨溪村从东往西有一条青石板路,这条路四五步宽的样子,在今天看来并不大,但在当时是一条相当宽阔的大路了。路两边集中了村里主要的店铺:杂货店、酱酒店、小食铺、理发店、裁缝店、客栈、酒肆等,甚至还有修脚店。修脚店有点类似现在的足浴店,除修脚之外还泡脚捏脚,让来来往往翻山越岭的人放松一下腿脚。

村里人要买点什么或者卖点什么基本都在这里完成。村里人平时都很节约,除了油盐酱醋这类必需品,很少买东西,只在几个大的时节开销会多点。倒是山上或地里收获了一点能卖的东西,他们会拿到这里随便哪户人家的屋檐下,卖给从安徽过来或者去安徽的生意人。

逢年过节,这条路当然也是村里最热闹的,路两边摆着摊子,加上人多,本来还算宽阔的路就显得拥挤了。另外,这里每年还有两次大的集市,最大的一次是秋天,庄稼都收好了,大家空闲了下来,手头也有了点可以交换的物品,于是约定俗成在某一个日子就开起了集市,周边村里的人也会来赶集,场面搞得比过年时还大。

对韩世忠来说,酒有着难以抵抗的吸引力,刚来杨溪村时,他去得最多的就是这条路上最东头的一家酒肆。这里的酒肆和京城杭州的当然不能比,其实就是个小酒馆,设施也简陋,但收拾得还干净。旁边也有厨房,可以烧几个简单的菜,这家的女主人自己下厨,菜园里当季有什么就烧什么,只有笋干之类是常备的。韩世忠有两个爱吃的菜,就是辣椒炒笋干和笋干炖咸肉。炖菜是这一带的特色,天冷的时候,将各样菜放到一个瓦罐里,架在炭火上,一个菜就可以炖得满屋飘香。火锅那个时候就在这一带流行了,只是所用的锅大多是陶制的,且笨重,一般人家只在过节或请客时端上桌来。在小酒馆,天冷下来之后,火锅倒是常备的。冬天的时候,一两个热气腾腾的炖菜或火锅,再加一壶酒,就能让人吃喝得酣畅淋漓。

酒的品种并不多,韩世忠喜欢喝他家自酿的土酒。在临安乡下,酿酒几乎是大多数人家的一种习俗。对于干体力活的村里人来说,酒不是奢侈品而是必需品。活干累了,回家喝点酒是村民最好的解乏方式，酒最好烈一点，用粗陶大碗倒个半碗——也就半碗，多了舍不得——就着简单的一点点菜，慢慢喝下去，等半碗酒喝完了，力气也就恢复了。酒也是村里人治病的好东西，倘若身体哪里有个不舒服，在背脊两边抹点酒，用碗沿顺着背脊刮出痧来，人也就轻松了。

这家小酒馆的男主人，话不多，有点木讷；人不高，身体壮实；干活样样在行，酿酒是他最拿手的，村里很多人家要酿酒也会找他帮忙。韩世忠看过他用辣蓼草和稻谷粉自制酒曲，用荞麦、玉米、糯米、稻谷、小米五种粮食酿制五粮酒，将酿好的酒一坛坛装好，用毛竹壳盖住坛口，然后用绳子扎紧，上面再封一层泥，至少放一年才开坛。

而在京城杭州也就是当时的临安府，酒就不是每个人能随意酿的，酒税是南宋政府税收的重要来源，所以城里对酒实行专卖。酒曲是官卖的，民间只有向官府买曲，才可以自行酿酒；百姓也可以自己带米到官府酿酒，但必须交纳酿造费。有酿酒权的包括酒厂和一大批酒店，酒厂叫作"酒库"，酒店叫作"正店"。酒库和正店酿出的酒除了自卖，也批发给其他没有酿酒权的小酒店（称为"脚店"）。杭州城里酒店林立，其中正店有七十二家，其他酒店不可胜数。酒店按规模可分为数等，酒楼的等级最高，所出名酒也最多，如丰乐楼的眉寿酒、忻乐楼的仙醪酒、和乐楼的琼浆酒、遇仙楼的玉液酒、会仙楼的玉醑酒等。每年清明节前几天,是各家酒库煮新酒的日子,这个时节,整个杭州城的上空都飘荡着酒香。

每到新酒开坛时,杭州的大酒店必大张旗鼓,用长竿子挂出广告长幅,上书"某库选大有名高手酒匠,酿造一色上等醲辣无比高酒,呈中第一"之类的广告词;又"颁发告示,邀请官私妓女、鼓乐随行,诸行社队,迤逦半街,街市往来,无不围观"。可见,酒店雇请妓女代言新酿的美酒是当时的一景,恰如一首宋诗所描述:"钱塘妓女颜如玉,一一红妆新结束。问渠结束何所为,八月皇都酒新熟。"酒香中混杂着香艳。

乡下的酒香是纯粹的,喝酒的地方也是朴实无华的,韩世忠常去的这家小酒馆起初连个单独的包厢都没有,他就经常混在商人和挑夫当中一起喝酒。后来老板和他熟了,就腾出一间原来自己存酒的房间,整修了一下,变成一间包厢。这条青石板路,是韩世忠来得最多的地方。一直到后来因为习惯了去郎中那里喝茶,他到这里的次数才少了起来。

青石板路的两边,也是村里房子最集中的地方。村里人聚集最多的地方,一个是村祠堂,一个就是这条青石板路两边的店家,其中尤以理发店聚的人最多,那里既是人的聚集地,也是消息的聚集地,剃头师傅是村里消息最灵通的人之一。

韩彦芳最开心的就是父亲陪她一起到这里来买东西，少不了要买些她爱吃的零食。

在淮安，韩世忠陪梁红玉去她小时候生活的地方，那里也有这么一条石板街，只是他们去看的时候，它已经被毁得面目全非。梁红玉回忆说，她最开心的就是跟家里大人来这里买东西，可以买自己喜欢的各种东西。特别是爷爷，平时在家里最威严，但一见到小梁红玉，脸上就有了笑意，他常陪梁红玉来这里，她想买什么都依着她。从梁红玉家到这条街路蛮远的，等她玩累了，回去的路上爷爷就背着她，她就在爷爷的背上睡着了。

在酒肆唯一一间包厢里，韩世忠有时只对着窗户枯坐。透过窗户就能看到杨溪和远处的山峦，到了村东头，杨溪就和村庄挨得更近了。那时候的杨溪比现在的宽得多，水也深得多、清得多。

这条溪流有两个最热闹的时间。一个是夏天的傍晚。小孩子尤其是男孩子高兴地往河里跳，名义是洗澡，实际是嬉水，弄得溪里头水花乱溅。经常玩得忘了回家，要等家里大人赶来，大呼小叫着自家孩子的小名，然后拽着他们回去。男人也来洗澡，他们默默地下水，默默地搓完身子，到岸上把干衣服往腰间一围，挡住腰以下大腿以上部分，换下湿裤子然后默默回家。

另一个时间是每天早晨。天一亮,勤快的女人就拎着一家大小的衣服,来到河岸边的大石头上洗起来。男人要上山下地干活,衣服就特别脏,而且粗布衣服浸过水之后又特别重,所以要把衣服绞一绞水,然后放在大石头上用木槌敲打,才能将那些深入衣服里面的汗渍污渍敲打出来。于是一早,就能听到"啪啪啪"的敲打声从河边此起彼伏地传来,村庄的一天就在这敲打声中清醒过来。而皇城杭州,也是在一阵敲打声中清醒过来的。当朝天门城楼的鼓刚敲罢,鼓声还在黑漆漆的空中尚未散去时,一阵敲打木鱼的声音就"笃笃笃"骤然响起,这也就意味着京城的一天由此拉开序幕,比天幕拉开还要早。

比之乡下,京城的木鱼声是凌晨四更就响起的,要早得多。随着木鱼声响起,城内的大小饮食店和茶坊,次第打开店铺的门板,生起炉子,点旺灶头;垃圾清洁工,不管在什么年头,都是这个城市里起得最早的人,他们也在"笃笃笃"的木鱼声中开始辛苦工作;运河上一早要出城的船只,纷纷起锚;运粮的挑柴的卖花的卖菜的,从城外的大路上向城里汇聚;还有上朝的官员,有的乘轿,有的骑马,有的步行,匆匆奔向凤凰山皇宫。

韩世忠任枢密使的时候,有那么几个月也是这么起早上班的。辞去职务后,他有时候自己骑驴携酒外出,有时候去酒楼。

"参差十万人家"的杭州城彼时已有上百万人口,与欧洲最大的城市威尼斯人口相当,是四方辐辏、万物所聚的著名大都市。市内街衢纵横,茶楼酒肆、艺场教坊、驿站旅舍等行业及夜市相当兴盛。《武林旧事》等书记载,南宋时杭州商业有四百一十四行。被老百姓称为"十里天街"的御街是当时的商业中心,仅御街中段,店名可考的大店就有一百二十多家。

那时的杭州已然是个不夜城,夜市是一大特色。《都城纪胜·市井》中这样记载南宋杭州城:"其夜市除大内前外,诸处亦然,惟中瓦前最胜,扑卖奇巧器皿百色物件,与日间无异。其余坊巷市井,买卖关扑,酒楼歌馆,直至四鼓后方静;而五鼓朝马将动,其有趁卖早市者,复起开张。无论四时皆然。"

从这段文字中也可以看出,酒楼、茶肆等是通宵营业的。饮食业是当时杭州商业中最兴盛的,首屈一指的是酒楼。酒楼又有官、私之分,和丰楼、和乐楼、春风楼、泰和楼、中和楼、丰乐楼、涌金楼、望湖楼等都是当时有名的大酒楼。

开设在涌金门外西湖边的丰乐楼,是韩世忠骑驴游湖时经常经过的,也就成了他常光顾的酒楼。宋人林升那首脍炙人口的《题临安邸》中的"山外青山楼外楼"中的"楼",指的便是丰乐楼。

丰乐楼仿照北宋京城开封的白矾楼而建,在西湖边复

十二　一壶浊酒,一窗山水

制这样一个酒楼,似乎寄托着南迁士族和百姓对于故都的思念,尽管杭州城并不比开封差,但他们依然想念那个曾经象征王朝繁荣的酒楼。不过,仅仅这样一个名称和外壳,已无力容纳和承受这份思念,反而会触到某个痛处,与其这样不如淡忘,不如"直把杭州作汴州"。后来韩世忠渐渐去得少了,他更喜欢鼓楼附近一个不大的酒肆以及御街西边安静小弄里的小酒馆,那里有更真实的生活气息。

与乡下这家简陋的小酒馆相比,京城酒楼那些雕栏玉砌的豪华、金刻玉镂的精致、涂脂抹粉的妖娆、殷勤过度的周到,是如此虚幻缥缈,不堪一击。在这里,平淡、平静的每一分钟才是真实的、可触的。一壶浊酒,一窗山水,足矣。

十四

韩大人爱上了喝茶

清凉峰最美的季节就是秋天，本来只是一片青翠的山峦，因为树叶有的变黄有的变红，而变得多彩妩媚起来。各种果实也成熟了，除了这一带最多的山核桃，板栗、柿子都可以收获了；田里的稻谷开始收割了，地里的番薯开挖了。收获的季节是一年中最忙碌最欢快的日子。

韩世忠一家已经在杨溪村住了快一年，和村里人渐渐熟络了起来，村里人也慢慢知道他们口中的"韩大人"原来是抗金名将韩世忠，对他更敬重也更热情。这里没有受到战火的侵扰，但外面打仗的消息还是时有所闻，夹杂着一些走样的传说。

一年下来，韩世忠感觉身体状况明显改善。由于清凉峰这一带水好空气好，加上郎中老郎用药给他调理，以及他自己心绪逐渐平复,一直伤病缠身的韩世忠感到一种前所未有的舒畅、轻松。

他爱上了喝茶,酒就喝得少了,不再像前些日子那样经常喝得酩酊大醉。

喜欢喝茶,还是老郎给带出来的。老郎自己喜欢品茗,懂医懂药的他有一段时间专心研究了一番用茶治病。茶本为药,后为饮,而以饮茶这样一种更温和、优雅的方式治病,尤其是治一些慢性病或陈年病,会在不知不觉中获得特殊的甚或意外的效果。

韩世忠认识了老郎后,经常在他家一待就是老半天,两人泡上一壶茶,至于泡什么茶经常会变化,有时候一次就喝两三种茶。老郎每每先让韩世忠闻茶香,闻过后再一口口地品。两人就这样,或边喝边聊,或相对静坐,半天时间很快就过去了。

对韩世忠来说,本来连酒都是当水喝的,喝茶从来就是为了解渴,咕咚咕咚大口喝下,那才解渴。酒都是大碗大碗喝的,茶还一口口呷?

老郎和韩世忠一起喝茶,当然也没有搞得像茶道那么精细和烦琐,但闻香和品味是不能省略的。时间一长,韩世忠也在品尝不同茶叶中,体会到了一种奇妙与愉悦。

喝酒与喝茶的最大区别在于,喝酒可以让他糊里糊涂、不省人事,而喝茶可以让他全身通透、神清气爽。

每个人都有弱点或者死穴，好酒就是韩世忠最大的弱点。对他恨之入骨的金人也知道这一点，甚至想派人献酒，然后趁他喝多了干掉他。

英雄离不开美酒，古时猛将，给人的印象都是用大碗喝酒的，韩世忠也不例外，他的好酒量是天生的。但喝酒会误事，会酿错——那就是一杯苦酒。

有两次喝酒经历让韩世忠悔恨了一辈子。

一次是在黄天荡。已经把完颜宗弼围困了四十多天，韩世忠和手下的将士都放松了警惕。在第四十七天的晚上，韩世忠一高兴又喝高了，被士兵架着回到房间。结果第二天金兵突然发起袭击，韩世忠却酒醉未醒。等他冲上战船，金兵已乘小船快速逃离，而缺少风力又被烧毁船帆的艨艟却尾大不掉，韩世忠气恼、懊悔，却无可奈何，只能眼睁睁看着完颜宗弼跑掉，煮熟的鸭子飞了。而就在几天前，梁红玉还提醒过他不要轻敌。

另一次是在部将的家里。韩世忠年纪大起来越发好酒，尤其喜欢到部下家中喝，还让部下妻女也来陪酒。一次，韩世忠与水军统领郭宗仪等人到大将呼延通家中喝酒。这位呼延通曾生擒金将牙合孛堇，也曾救过韩世忠一命，他觉得让妻女陪酒有辱自己，面露"愤愤之色"。韩世忠后来醉了，在呼延通家床上小睡。这时，呼延通蹑手蹑脚溜到床边，伸手去抽韩世忠的佩刀，恰被郭宗仪撞见，郭宗仪赶忙用力抓住呼延通的手大呼："统制不可!"韩世忠惊醒,夺门而逃。回到帅府后,韩世忠立即命人抓来呼延通,历数他的罪责,将呼延通降职,把他派到戍守淮阴的武将崔德明手下当差,而崔德明素来与呼延通不和。不久韩世忠寿辰到了,诸将纷纷前来献礼拜寿,呼延通也偷偷从淮阴赶来,希望借拜寿之机,得到韩世忠的原谅,尽释前嫌。谁知韩世忠一见他,扭头就走,进入内府再也不出来了。呼延通羞愧至极,不禁泪如雨下。随后,崔德明拜寿归来,又以呼延通擅离部队之罪,对其杖罚数十。呼延通不堪其辱,于是跳入运河自尽。韩世忠得知后深感悔恨,但已于事无补。

在战场上厮杀了一辈子的韩世忠,在经历了告老回家最初一段时间的迷茫与放浪,并且疏解了因岳飞被害而产生的愤懑与负疚情绪之后,在临安的这个小山村里找到了另一种生活方式。

特别是品味到喝茶的乐趣之后,他慢慢地减少了喝酒的次数。

老郎还曾带韩世忠父女一起上山采茶,只要茶叶好,老郎不顾路远都会去采,何况现在韩世忠有驴,路远就更不是问题了。老郎后来带着韩世忠去过东坑好几次,虽然这里看起来都有山有水,其实地处海拔九百米的高山地带,几乎全被森林覆盖,水也特别清冽甘甜,所以这里的茶叶跟别的地方比品质更好,炒制出来有不一样的清香与回味。即使在今天，临安东坑茶叶也是名茶，这里出产的天目青顶还是国字招牌。

老郎还特别喜欢带他们去采野茶，那些半山上的野茶树比人还高，在春、夏、秋三季都可以采摘，可以做成绿茶、红茶、老白茶等不同的品种。

以至后来韩世忠回到杭州，都会到杭州城里的茶肆去喝喝茶坐上个半天。

当时杭州城里茶肆茗坊遍布，盛极一时，杭州茶馆的真正兴起也是始于南宋。由于饮茶风习广泛普及，加上茶馆集休闲、饮食、娱乐、交易等多种功能于一身，去茶馆喝茶自然就成了市井生活的首选。茶肆的经营品种，除四时卖奇茶异汤外，暑天添卖雪泡梅花酒，或缩脾饮暑药之类，冬月则添卖七宝擂茶、馓子、葱茶，或卖盐豉汤之类，品种甚是丰富。吴自牧的《梦粱录》一书中对此有详尽生动的描写[注]。

除了普通的茶肆之外，还出现了很多专门性的茶馆，茶肆所提供的服务也更加多样化。如学习乐器之类的教坊茶楼，兼营旅馆、澡堂类的茶肆，专供夜游的特殊茶肆，卖歌卖艺的歌馆型茶坊，专门说书的茶肆，等等。

后世称为"说书"当时称为"说话"的表演尤为当时市民喜闻乐见，茶肆则为之提供了良好的场所。说话者可在茶肆中搭台即席开讲，饮茶者可一边品茗一边听书。当时出现了众多专业艺人。有的艺人会长期在某个娱乐场所表

十四 韩大人爱上了喝茶

演,以至人们便以他的名字称呼该场所。也有茶肆会在一段时间内专门讲说某种话本故事,有一茶肆就因说话者讲"一窟鬼"故事而著名,以至人们就用"一窟鬼"称之。

宋代说话主要分四大类:小说、说铁骑、说经和讲史书。其中"说铁骑"多是讲说战争和历史名将的故事,如《狄青》《杨家将》《中兴名将传》等。

韩世忠曾在这样的茶肆中听过说话。只是他不知道,若干年后,他会成为茶肆说话者口中经常讲说的历史名将。

在杨溪村的第一年,他上山下地,采过茶叶草药,摘过果子,挖过竹笋,犁过田,种过菜,劈过柴,还狩过猎,更多的时候则读书写字。怡人的环境和淳朴的民风,让他的身心都得到了修复和怡养。

注 《梦粱录》中寥寥几百字,就描绘出南宋杭城茶馆业全貌:汴京熟食店,张挂名画,所以勾引观者,留连食客。今杭城茶肆亦如之,插四时花,挂名人画,装点店面,四时卖奇茶异汤。冬月添卖七宝擂茶、馓子、葱茶,或卖盐豉汤。暑天添卖雪泡梅花酒,或缩脾饮暑药之属。向绍兴年间,卖梅花酒之肆,以鼓乐吹《梅花引》曲破卖之,用银盂杓盏子,亦如酒肆论一角二角。今之茶肆,列花架安顿奇松异桧等物于其上,装饰店面,敲打响盏歌卖。止用瓷盏漆托供卖,则无银盂物也。夜市于大街有车担设浮铺点茶汤,以便游观之人。大凡茶楼,多有富室子弟、诸司下直等人会聚,习学乐器上教曲赚之类,谓之挂牌儿。人情茶肆,本非以点茶汤为业,但将此为由,多觅茶金耳。又有茶肆,专是五奴打聚处,亦有诸行借工卖伎人会聚,行老谓之市头。大街有三五家开茶肆,楼上专安着妓女,名曰花茶坊。如市西坊南潘节干、俞七郎茶坊,保佑坊北朱骷髅茶坊,太平坊郭四郎茶坊,太平坊北首张七相干茶坊。盖此五处多有炒闹,非君子驻足之地也。更有张卖面店隔壁黄尖嘴蹴毽茶坊,又中瓦内王妈妈家茶肆,名一窟鬼茶坊。大街车儿茶肆,蒋检阅茶肆,皆士大夫期朋约友会聚之处。

十五

古道上的挑夫

　　随韩世忠一起来到这里的,除了韩彦直一家,还有他的小女儿韩彦芳。在这里韩彦芳更是找到了自己的一片天地,和村里几个年龄相近的孩子混成了好友。

　　村里的孩子的条件当然不像韩彦芳那么好,年纪稍大一些,父母就要让他们干各种家务活,能干一点的都要上山打柴下地干活了。但韩彦芳来找小伙伴玩时,那些父母都会让孩子放下手中的活,由着他们去玩耍。

　　孩子们也盼着韩彦芳来找他们,小孩子毕竟贪玩,她来了他们就有理由不干活了。她还经常给他们带来好吃的,多是他们从来没有吃过的。村里的孩子也会从家里给她带来煨红薯之类的,她以前也没有吃过这些,连说"好吃好吃",吃完了,用沾了煨红薯上的灰的手一抹嘴,把脸也抹花了,大家就笑作一团。

这里的一切对韩彦芳来说都是新鲜的,让她更开心的是这里的一切都是无拘无束的,可以大声地喊,可以放声地笑,可以自由地跑。到后来,连村民家的狗都跟她很熟,跟着她跑来跑去。

小伙伴家里要是有个什么事,韩彦芳也会找父亲或者大哥帮忙。小姑娘本就招人喜欢,又肯帮忙,随便到哪个小伙伴家,家里的大人都对她很热情,家里有什么平时藏着不让孩子发现的好吃的,这时候也都会拿出来。

韩彦芳随父亲生活在临安清凉峰下,因为有更多的时间和父亲在一起,她特别开心,山野乡村自由自在的生活也更符合她的天性。

韩彦芳有几分梁红玉的神韵,性格脾气更是一般无二。

韩世忠当初不得不告老回家,其中一个原因就在于韩彦芳。虽然自己壮志未酬,但毕竟年纪大了,他也想有个安稳的晚年,和家人共享天伦之乐。他更不愿意因为自己而祸及家人。

有一次韩世忠和韩彦芳聊天,女儿就抱怨老是见不到父亲。韩世忠也觉得亏欠家人太多,常年在外征战,有时候过年过节都不能和家人团聚。梁红玉去世时韩彦芳才四岁,驻守淮安的那几年,韩世忠把她带在了身边,但忙于兵事的他和女儿在一起的时间依旧不多。

在杨溪村的日子弥补了他们之间的遗憾,韩世忠除了看书练字,大部分时间都陪着女儿,陪她念书、练字,也陪她在山野、田地、溪沟里玩耍。

韩世忠、韩彦直也教韩彦芳练武,不过韩世忠一再说,练武只是让她强身健体,不会让她去打仗。自己打了一辈子仗,他不想看到女儿受他那样的苦。

有一次女儿说,很怕父亲在战场上回不来。韩世忠也怕。

搬来杨溪村的那年,韩彦芳十一岁,琴棋书画已经样样拿得出手,韩世忠有不懂的,还会向女儿请教。

韩世忠也经常带她出行,他们曾一起上山采茶,老郎带着他们去半山上采野茶,那野茶树比人还高;他们也曾带着随从牵着驴,走过古道看过日出。

让韩彦芳印象最深的是那次她和父亲一起走竹岭古道。

竹岭古道从西往东在临安马啸乡浙基田村与逍遥岭古道交会后,沿峡谷至临安清凉峰镇,并入徽杭官道。当年,很多徽商进入浙江走的就是这条古道。现在也有人将清凉峰镇颊口(在杨溪村东面)作为这条古道的东起点,往西至安徽绩溪为终点,因而这条古道也被称为颊绩古道。

村里那条青石板路的西头就是竹岭古道的东起点。

有一年夏天,韩世忠和韩彦芳带着两个仆从,牵着两匹驴子,从青石板路的西头出发,翻越竹岭古道。这次竹岭古道之行对韩彦芳来说是一次全新的体验,特别是那些挑夫,在弯弯曲曲的山路上,挑着上百斤东西。有的路很陡,韩彦芳都不敢骑驴子,生怕掉下来。空手走这样的山路,韩彦芳都累得不行,不过那些挑夫可能因走得多而走出了经验,脚步看上去依然轻快。有的挑夫看上去已经一把年纪,但年纪轻一点的挑夫,往往还赶不上他们,走这样的路,经验有时候比体力更重要。对面的挑夫看到韩彦芳一行走来,就会停下来让他们先走,挑夫就势将一头的担子搁在高一点的台阶上,用担柱撑住扁担,另一头的担子悬空,也可以借机休息一会儿。那根担柱看上去只是一根简单的粗木棒,对每个挑夫来说却是人手一根,挑担时它能分担挑夫另一个肩膀的重量,遇到陡坡时它是挑夫手中的拐杖,歇脚时挑夫用它撑住担子往石壁或大树上一靠,担子就不会倒,而他们就可坐在一旁,摸出烟杆,抽两口烟恢复体力。

山顶上有几户人家和一家客栈,这天晚上韩世忠和韩彦芳就在这家客栈住了下来。这里的人家过着自给自足的生活,山坡向阳处的几块梯田和房屋周边的菜地产出他们一年到头的食物,家家都养猪和鸡鸭,油是用山茶籽榨的。不过要碾米和榨油,他们就得到山下几里远的另一个村庄去;不能自给的必需品,他们得到山下的村庄购买,有时也从来来往往的挑夫手上买一点或换一点,有熟悉的挑夫经过,他们有时候会特意交代带点需要的东西。这里也是挑夫歇脚充饥的主要地方,挑夫的食物基本上是自带的,韩彦芳看到他们从布袋里掏出硬邦邦的食物,有的就着山上的凉水就吃了,有的也会到旁边的人家要一杯热水。从他们满头的大汗和满脸的沧桑,以及他们打过补丁的衣服,一眼就能看出他们生活的艰辛和不易。

山顶客栈极其简陋,而且脏得不行,还散发着一股霉味,韩彦芳还是第一次住这么差的地方,但这里也没有别的住处,好在爬山累了,在这样的环境中,晚上她也睡得很香。

第二天天还没亮,韩彦芳就被父亲叫起来,在山顶一块朝东的大石头上坐着,等着太阳出来。她第一次看到东方的天色一点点亮起来,大片的云彩从暗红一点点地变成绯红,然后太阳从绯红色的云彩中慢慢地露出脸来。

这一趟竹岭古道之行,对韩彦芳来说一切都是新鲜的,尤其是山中的挑夫,给韩彦芳留下了深刻的印象。

女儿能在身边,而且能亲眼看着她在山村里自由开心地长大,韩世忠也由衷地高兴。韩彦芳是他和梁红玉所生,梁红玉英年早逝,韩世忠就把更多的爱倾注到他们的女儿韩彦芳身上。有时看着女儿活泼的身影,韩世忠会不由自主地想起梁红玉。

十六

关了一扇门，打开两扇窗

镇压方腊起义后，在庆功宴举办前两天，韩世忠与梁红玉初次相见。

韩世忠第一次来到杭州，正是随军镇压方腊起义的。

宣和二年（1120），方腊在浙江淳安西北（时睦州青溪县）假托"得天符牒"，率领农民起义。

当时的皇帝宋徽宗喜欢花石竹木，皇帝喜欢什么，下面自有拍马屁者竭力奉迎。朝廷在江南设苏杭应奉局，到处搜刮民间花石竹木和奇珍异宝，用大船运向京城开封（时汴京），每十艘船组成一纲，即被称为"花石纲"。

深受"花石纲"之苦的江南百姓，纷纷响应方腊起义，起义军很快占领了浙江、江苏、安徽、江西等地的六州五十二县。

　　本来当时宋国在与西夏和辽的征战中,已经从消极防守转向了积极进攻,势头逐渐占据上风,但方腊揭竿而起,捅破了宋国纸老虎式强大的那层窗户纸。

　　一个月后,起义军即攻入杭州,杀死了不少大小官吏,还把当过宰相的蔡京的祖坟给掘了。

　　宋徽宗慌了,撤销了苏杭应奉局,停运"花石纲"。同时派宦官童贯以及将领谭稹、王禀,调集了十五万大军南下镇压起义。

　　韩世忠在王禀的队伍中,当时他是个裨将,只是一个下级军官,湮没在浩浩荡荡南下的十五万大军中。

　　没多久,王禀等所率的军队就攻下嘉兴,然后乘胜追击至杭州。

　　在杭州北关堰桥一带,起义军占据地理优势,阻挡韩世忠所在的队伍。领兵的将领王渊久攻不下,一时不知所措,甚至有退兵之意。

　　韩世忠直接找到王渊,直陈对方占据有利地形,我方不能强攻,只能智取。

　　王渊显然有点不高兴。也难怪,老三老四的,跑出来对他指手画脚。

　　韩世忠也不顾王渊高兴不高兴,与他争辩起来。虽然王渊觉得韩世忠冒冒失失不懂规矩,但他也想打胜仗。在战场上,打胜仗才是硬道理。

王渊问他:"那你倒说说看,怎样才能取胜?"

韩世忠说了他的想法,并要王渊给他一些人马。王渊听他说得有道理——其实有没有道理不重要,有人愿意去拼命,王渊也没有理由不让他去,毕竟打赢了也是帮他长脸——就同意了。但还是有点不放心,让他立了军令状——输了你就玩完了。

第二天,起义军的势头还是很高涨——官兵几天都没能攻下他们,他们没有不高涨的理由。哪知韩世忠已带着二十多个敢勇兵埋伏在堰桥旁,等起义军靠近后猛地发起袭击。

起义军其实都是业余组的,当初有人振臂一呼,下面响应者就云集。队伍是拉起来了,声势也壮大了,但打起仗来起义军毕竟没有经过专业系统培训,经不住突然一击,顿时方寸大乱。

韩世忠冲进起义军阵营,见领头模样的就挥刀斩杀,王渊的部队趁势而上,大败起义军。

王渊第一次见识了韩世忠的勇猛,对他来说这场胜利来得意外也来得及时,随即王渊将身边所带的金银器皿都赏给了他,两人自这一仗也成了铁杆兄弟。至于后来,韩世忠的第三位夫人也是王渊送给他的。

现在人们可能不太好理解,女人怎么可以像东西一样用来赏或者送?但在当时,有权有势者之间用美女作为礼物不仅正常,而且风雅。有个抗金名将吴玠,就曾经给岳飞送过一个美女,岳飞隔着屏风对美女说:跟着我是要吃苦的,你愿不愿意？美女显然不愿意,岳飞就把她送了回去。吴玠也因此对岳飞更为敬重。

韩世忠大败方腊军的这座堰桥,后来被称为得胜桥。再后来不知从什么时候起就改名为德胜桥了。现在还有德胜路、德胜新村。不过德胜桥已不是当初那座得胜桥了。

兵败如山倒,大势已去的方腊只能从哪里来再回到哪里去,躲进了淳安东北的帮源洞。

当时朝廷下诏,谁抓住了方腊,就授予两镇节钺。

方腊躲进山洞后,不熟悉地形的官兵也一时拿他没办法。韩世忠得知消息后二话没说,提起一杆长枪就进山了。

方腊藏身之所有三个岩洞,一般人不知道该从哪里进去。也许是方腊命数已尽,韩世忠遇见一妇人,从她那里打探了情况,便直奔洞中。

在洞里击杀数十人后,韩世忠手提方腊出洞[注1]。而有一个人,这时正带兵守在洞口——负责清剿方腊军的将领之一辛兴宗。

辛兴宗让韩世忠把方腊交给他,那也没什么可说的,他是最高指挥官之一,交给他也没错。只是辛兴宗死不要脸,截走了方腊后就直接为自己邀功去了。

上一次银州之战,韩世忠刀斩西夏监军驸马,本应被重赏,只因手握大权的童贯心里不爽,所以只升了与其功劳不相配的小官一级。现在,这等倒霉的事情第二次发生在他身上,这次直接被上级领导抢走了功劳。

王渊等人知道情况后,为韩世忠打抱不平。韩世忠倒大度,劝他们算了。

大度归大度,郁闷还是郁闷的。庆功宴上,韩世忠在一旁喝闷酒,在一片吆五喝六、你喝光我干杯的嘈杂凌乱声中,一个男人闷闷地喝酒,大概特别引人注目,尤其引美女注目。

美女姓梁,古时女人地位低,记载女性时大多只写一个姓氏,不得其名。梁氏名甚不知,后人称其梁红玉[注2],这一名字也就这么传了下来。

梁红玉本就不是一般女子,她生于一个武将之家,爷爷和父亲都是军中将领。她也从小练武,练就了一身不错的功夫。

但是命运弄人,方腊起义后,梁红玉的爷爷和父亲都被派去征讨方腊,却因贻误战机都被朝廷杀了。受牵连的梁红玉被充为营妓。

这一天的庆功宴上,梁红玉就是被派来以歌舞助兴的。

当梁红玉看到韩世忠的时候,心里一阵高兴。而韩世忠只管闷头喝酒,并没有看到她。

两天前他们有过一面之缘。

那天天刚蒙蒙亮,梁红玉起了个大早去官庙,当她快走到庙门口的时候,忽然听到一阵低沉、均匀而有威慑力的声音传来,她觉得奇怪,停下脚步,朝声音传来的方向望去,眼睛突然瞟到一只老虎,就在庙前的台阶旁,这可把她吓坏了,她赶紧退了回去。她很奇怪,此地哪来的老虎?是天色未明看花眼了吗?梁红玉虽然不是个胆小的人,但她觉得还是小心点为好。等到天完全亮的时候,周围的人也渐渐多了起来,梁红玉再次走到庙前,发现自己刚刚确实是看错了,原来是个虎背熊腰的士兵,刚才的声音也是此人发出的鼾声,只是天色曚昽时那影子看上去如伏地之虎。她踢醒那士兵,问他叫什么名字,为什么睡在这里。韩世忠被人吵醒本想发火,一看是在庙前,旁边有人好奇地在看热闹,问他话的又是个漂亮女子,就如实回答自己是个当兵的,刚来此地,叫韩世忠,昨天晚上酒喝多了,自己也不知道怎么就睡在这里了。梁红玉见围过来的人多了,也没再说什么,转身进庙。韩世忠拍拍身上的灰尘,也转身回营了。

梁红玉回去后,还一直想着今天早上庙门口遇到的情形,心中有点好奇,韩世忠的形象也一直在她的脑子里挥之不去,她觉得这个人不一般。回到家,她把早上遇到的事又跟母亲说了一遍,母亲也好奇,说:"那你什么时候把这个人带来家里吃饭。"母亲这么说反倒让梁红玉有点不自然起来:"人家当兵的说走就走,上哪儿去找人家来吃饭?"

韩世忠在临安

没想到,这两天让她不时想起的这个人就在眼前。

一个活捉方腊的人和一个因镇压方腊起义不力而受牵连的人,在一场庆祝镇压方腊起义胜利的宴会上,就这么冥冥之中似有安排地再次相遇了。

一个不幸坠入风尘,但风尘掩不住梁红玉骨子里的英气与不俗;一个因英雄未露峥嵘而落寞,但落寞掩不住韩世忠一身的豪情与侠义。

当梁红玉来到韩世忠身边时,韩世忠才认出这是两天前在庙门口踢了他一下的那个美女。两个人在第二眼的对视中便认定了对方,由此成就了这对英雄伉俪日后名垂青史的传奇与佳话。

上帝关了一扇门,就会为你打开一扇窗,有时候也可能是两扇窗。庆功宴后,韩世忠有两个收获:

已经和韩世忠结为铁杆兄弟的王渊,仍为辛兴宗夺人之功而愤愤不平,一天约了辛兴宗的副帅杨惟中喝酒。酒是怎么喝的不知道,总之杨惟中回到朝中后,向皇帝赵佶汇报了辛兴宗抢功一事。赵佶找人一核实,还真是这么一回事,但之前嘉奖令已颁布,赵佶也不想收回,就封了韩世忠一个武节郎,虽然比不了两镇节钺,但也是皇帝所做的补救措施。本来让皇帝纠错就不是一件容易的事,能补救一下已经很给面子了。

梁红玉真的把韩世忠带到家里来吃饭了,说是家,其实是个临时租住的地方,爷爷和父亲被杀后,别无依靠的梁妈妈只能跟着女儿流落他乡。那天梁妈妈烧了满满一桌子菜。

韩世忠和梁红玉很快就结为夫妻。

注1 《宋史·韩世忠传》中记载了韩世忠孤身擒方腊的过程:宣和二年,方腊反,江、浙震动,调兵四方,世忠以偏将从王渊讨之。次杭州,贼奄至,势张甚,大将惶怖无策。世忠以兵二千伏北关堰,贼过,伏发,众蹂乱,世忠追击,贼败而遁。渊叹曰:"真万人敌也。"尽以所随白金器赏之,且与定交。时有诏能得腊首者,授两镇节钺。世忠穷追至睦州清溪峒,贼深据岩屋为三窟,诸将继至,莫知所入。世忠潜行溪谷,问野妇得径,即挺身仗戈直前,渡险数里,捣其穴,格杀数十人,禽腊以出。辛兴宗领兵截峒口,掠其俘为己功,故赏不及世忠。别帅杨惟忠还阙,直其事,转承节郎。

注2 史书中不见其名,只称梁氏。"红玉"是其死后各类野史和话本中所取的名字,首见于明代张四维所写传奇《双烈记》:"奴家梁氏,小字红玉。父亡母在,占籍教坊,东京人也。"

十七

给他们开了先例

梁红玉没有看错韩世忠,他就是一头猛虎;而有了梁红玉,韩世忠则是如虎添翼。这对英雄伉俪,在腥风血雨的战场上,在风雨如晦的历史中,留下了一段带着一抹玫瑰红的传奇与美谈。

梁红玉首次展露出她不输须眉的英勇与智慧,就是在之前提到过的平定苗、刘叛乱的那一次战斗中。

苗傅、刘正彦逼赵构退位后,立三岁的皇太子赵旉为帝。隔天,又逼隆祐太后[注]垂帘听政。

立三岁皇太子为帝,不用说,苗傅、刘正彦实际上掌握了朝政大权,于是两人又提出改元和迁都南京。隆祐太后和宰相朱胜非怕一律拒绝会惹恼苗、刘,就答应改年号为明受,而以南京离金兵太近不安全为由,婉拒了迁都。

而驻防在外的几路大将包括韩世忠等人,得知朝中兵变后,纷纷起兵讨伐。

韩世忠得知兵变的消息后,拍案而起:"我誓与苗、刘不共戴天。"

赵构是韩世忠等人一路扶上皇位的,但苗、刘两人却趁各路大将在外驻守抗金的时候发动兵变,无异于乘虚而入的窃贼。而且,他们还杀了对韩世忠有知遇之恩的铁杆兄弟王渊。

韩世忠手下当时人手不多,另一个朝中大臣张浚给他拨了点兵力,韩世忠迅速率兵来到了嘉兴。当时韩世忠的妻子梁红玉和儿子都在杭州城,苗、刘派人对他们严加看守,实际上把他们扣为人质,以阻止韩世忠出兵。

韩世忠打仗厉害,苗、刘心里很清楚,把梁红玉母子扣押起来后,他们又派人给韩世忠送去以明受帝名义发的诏书,任命他为定国军节度使,并在信中宣称他们所为是为国家利益,是为民除害,希望韩世忠支持。

性子直来直去的韩世忠并非莽撞无谋,他也担心妻儿有危险,正在想该怎么办,另外也是想麻痹一下苗、刘,便假意答应。

此时宰相朱胜非给苗、刘建议:"两位将军何不请太后下诏,命梁红玉去招抚韩世忠?韩世忠归顺后,你们岂不是少了一个劲敌?"苗、刘听信了朱胜非的建议。

苗、刘兵变,最后以不到一个月赵构复位、两人被杀而结束。兵变最后变成了一场二十多天的闹剧,最主要的原因在于苗、刘两人本是无能之辈,发动兵变是干了一件超出他们能力范围的事情。

当赵构下诏逊位时,苗傅手下有个叫王钧甫的即对朱胜非说:"苗、刘二人忠心有余而学问不足。"这话说得挺委婉,改成野心有余而能力不足似乎更合适。

所以苗、刘欲迁都,隆祐太后和朱胜非只用一个理由就给搪塞过去了;苗、刘想要赵构游览南方,朱胜非又找了个借口给糊弄过去了;朱胜非提议让梁红玉母子去安抚韩世忠,苗、刘也答应了,朱胜非喜不自禁:"二凶真无能为矣。"后来苗、刘想扣留张浚派来谈判的冯轓,张浚便伪造了一封书信,两人就信以为真了;再后来,苗、刘两人要赵构给他们免死铁券,赵构在铁券上写了"除大逆外,余皆不论"八个字,不知两人是没仔细看还是没看懂,拿着铁券高高兴兴地跑路了。

所以怪不得别人,但凡把事情搞砸的,先要找自己的原因。

苗、刘同意朱胜非的提议后,隆祐太后随即召见梁红玉,封她为安国夫人,赏赐了一堆珍宝,然后拉着梁红玉的手说,现在国家危难至此,还请夫人让韩将军速来救驾,清理乱党。

梁红玉从太后那里出来,把儿子用布兜包住往身上一背,迅速骑马出城。

刚出城门,就遇上了苗傅的弟弟苗翊,苗翊向她问东问西,边问边摸着耳朵紧盯着她。梁红玉见他不怀好意,沉下脸:太后有命让我出城,请你让开! 不等他反应过来便疾驰而去。

梁红玉用一天一夜时间赶到嘉兴,见到韩世忠劈头就问:听说你接受了叛贼给你封的官?

此时韩世忠还没想好如何从苗、刘手中救出梁红玉母子,不承想喜从天降,梁红玉竟出现在自己面前。还没从惊喜中反应过来的韩世忠被她这么劈头一问,哈哈大笑:这还不是为了你!

各路勤王将领先后带兵向杭州城靠近,内心已经非常紧张恐惧的苗、刘,胁迫赵构给韩世忠写信:"知卿已到秀州,远来不易。朕居此极安宁。苗傅、刘正彦本为宗社,始终可嘉,卿宜知此意,遍谕诸将,务为协和,以安国家。"然后派人送给韩世忠。这么低级的把戏糊弄得了谁? 韩世忠知道这并不是赵构的本意,直接把信和此前的诏书烧了:"我只知道有建炎,不知道有明受!"斩了来使。

没有了后顾之忧,很快韩世忠就率兵来到了位于杭州东北部的临平。当时苗、刘派重兵扼守临平,领兵的正是苗翊,苗翊曾当众夸口:韩世忠打仗也就那两下子,之前还打了败仗,剩下没多少人了,根本不是我们的对手。

不知道苗翊这样说是真认为韩世忠不过如此,还是为了鼓舞士气,也或许是他以为可以凭借临平的地理优势,所以有了底气。

真的一交战,苗翊的兵根本不是韩世忠他们的对手。韩世忠下了死命令:"今日当以死报国,谁身上不带箭伤,就是不努力作战,按军令当斩首。"

韩世忠自己更是一马当先,手执大刀冲在前头。苗翊拉弓搭箭对着韩世忠,韩世忠怒目而视,高声大呼冲上去,苗翊被韩世忠的气势镇住,未及发箭即迅速骑马逃走了。

元代诗人方回后来写了一首诗《过临平镇》:

楼船载甲晓闻钲,知是何营将校行。

百五十年兴废事,韩家军马战临平。

拿了免死铁券逃跑的苗、刘两人,后来逃窜到福建境内。韩世忠建议:"苗傅、刘正彦拥精兵,如果占据一方形成巢穴就难办了,宜及早将他们抓获。"于是赵构命他与刘光世去征讨苗、刘。韩世忠从浙江衢州出兵,追到福建浦城,和苗、刘军相遇,韩世忠挺戈前行,苗、刘军一见是韩世忠,皆惊慌溃散,刘正彦、苗翊被擒获。苗傅逃到建阳,后被人捉拿献给韩世忠。苗傅、刘正彦被韩世忠带回南京,后两人被斩首于闹市。

平定叛乱后，韩世忠被封为少保、御营左军都统制，兼武胜、昭庆军节度使。梁红玉也被封为护国夫人，并享国家俸禄，赵构还赞她"智略之优，无愧前史"。一人兼两镇节度使，且功臣之妻也受封赏即由此开了先例。

王渊的知遇之恩韩世忠没有忘，他将王渊重新安葬，对其家人也妥善安置。

注　隆祐太后，孟氏，又称元祐皇后，宋哲宗赵煦第一任皇后。其二度被废又二度复位，并两次于国势危殆之下被迫垂帘听政，经历离奇实为罕见。

宋哲宗赵煦幼年即位，后来逐渐长大，因孟氏深得赵煦的祖母太皇太后高氏和嫡母皇太后向氏的喜爱，十六岁那年被册封为皇后。但好景不长，第二年太皇太后去世，宋哲宗宠爱姿色俏丽但野心勃勃的宫女刘氏，后刘氏设计罗织孟氏罪名，孟氏被废，安置在被废妃嫔出家所居的瑶华宫。

哲宗病逝，向太后命端王赵佶继位，是为徽宗。旧党在向太后的支持下重新抬头，孟氏时来运转，遂被复位，因其封后于元祐年间，故被尊称为元祐皇后。不料，次年向太后病逝，宋徽宗重新任用新党蔡京等人，贬谪旧党(元祐党人),孟氏再受牵连,第二次被废,重回瑶华宫,就这样过了二十多年。

宋钦宗继位后的靖康初年,孟氏先因瑶华宫失火,移居延甯宫,后延甯宫又失火,不得已步行来到相国寺前的侄子家中居住。靖康二年,朝廷打算恢复孟氏皇后之位,并尊为元祐太后,但诏书刚刚写好,还未来得及下发,金人便攻陷了皇宫,史称"靖康之变"。金军首领按照皇宫中的名册清点后妃的人数,凡是有位号的嫔妃,无一幸免被俘,跟随宋徽宗、宋钦宗二帝一起被押送到北方。由于孟氏已被废黜,不在名册中,此时她又居住在民宅,金兵对这位已经被废黜的皇后也没有留意,因此,孟氏幸运地免遭被俘北上的厄运。

金人立张邦昌为楚帝后,张邦昌不得已只好恢复孟氏元祐皇后的尊号,并请其垂帘听政。稍后赵构在河南商丘称帝,元祐皇后撤帘不再听政,被尊为元祐太后。不久,因"元"字犯其祖父孟元名讳,再改为隆祐太后。苗傅、刘正彦发动兵变后,孟氏被逼再度垂帘听政。乱事平定后再度撤帘。

绍兴元年,孟氏去世,谥号昭慈献烈皇后,葬于绍兴县(时会稽)上皇村。绍兴三年,改谥号为昭慈圣献皇后。

十八

"金"弓之鸟

这边苗、刘内乱刚刚平定,赵构还惊魂未定,那边金兵又打了过来,一路毫不费力金兵就打到了南京。

重新夺回的龙椅还没在屁股底下坐热,赵构又打算跑路。

御营右军都统制张俊、御营都统制辛企宗就主张撤退,建议赵构去长沙,在那里建都。

韩世忠听说后火大了:这算哪门子建议? 便竭力劝阻赵构:北方已失,如果江淮一带再不守住,我们还能去哪里?

虽然韩世忠言辞激烈,但这话赵构听得进。是啊,北方的土地他是不想要了,但这南方得守住,否则他这皇帝何处安身? 只要金兵过不了江,江南的半壁江山坐稳了,那也不错!

这一天从早到晚韩世忠没吃一顿饭,就等赵构的最后决定。

已是半夜子时,赵构召吕颐浩等人入对,吕颐浩是朱胜非推荐过来接自己班的。

苗、刘兵变平息以后,朱胜非向赵构请罪:"臣昔遇变,义即当死,偷生至此……臣乞罢政,投闲归老,苟全余喘于终年,实出陛下之盛德也。"在宰相任上出了这么大的乱子,朱胜非表示自己已无脸再在这个位置上待下去了。朱胜非之所以要引咎辞职,也是因为担心自己之前一直跟苗、刘周旋,再待在宰相的位置上,可能祸及己身。

赵构不但不怪他,反而挽留他:这事不怪你,你当宰相才三天,两贼就叛乱了。后来平定叛乱,你功劳不小,如果不是你足智多谋,也没那么快就平定了。朱胜非仍然以自己"才不足以莅政,武不足以拨乱"为由坚辞。赵构也就同意了,便问谁可以接替他,朱胜非就推举了吕颐浩。

吕颐浩和朱胜非一样都是主战派。赵构把吕颐浩等人叫进去后,先分析了一下形势:朕以为金人依靠的是骑兵,浙西一带是水乡,骑兵虽多也发挥不了优势,所以依江而守是可以考虑的。

吕颐浩立即接过话来:我和韩世忠等人商议过,也是这个意思。

赵构打算派韩世忠守镇江,刘光世守太平及池州,杜充守南京。吕颐浩等人表示赞同,赵构就在这天的深夜拍板,给韩世忠加了一个官职——浙西制置使,命其守镇江一带。

加官对赵构来说只是一张纸头的事情,是他用得最多也最顺手的激励机制。而韩世忠所面对的最现实的问题是,他只有一支八千多人的队伍。赵构能给官但不能给人。

好在对韩世忠来说,战场就是一个将领最好的用武之地,只要能放手让他去打,对他来说就是最大的激励。带着八千余人,他开始准备迎战有十万大军的完颜宗弼。

梁红玉跨上战马,在八千余人的队伍中随夫出征。

先说一下守南京的杜充,这人是宋绍圣年间的进士,后来一路官运亨通,最高当过宰相。

靖康初年,他当河北沧州知府,当时金人南侵,许多人从燕地也就是现今内蒙古西南、宁夏一带逃难到沧州,杜充担心这些人是金人的内应,于是不论男女老幼一律杀害。

苗、刘发动兵变的前一年,一心要北伐抗金的名将宗泽去世,杜充接替他做了开封府留守。杜充接任之后,全盘推翻宗泽的做法,反其道而行之,一年之后,开封即沦陷,杜充命部下撤往南京。

岳飞当时也是杜充的部下,刚从外地剿匪回到开封,接到撤退南京的命令后苦劝杜充:“中原之地,哪怕一寸都不能舍弃,我们一撤走,这个地方就不是大宋所有了,以后要想再来收复,就非得派数十万大军不可。”杜充却根本听不进。

有时候真不知道是那些高高在上的当权者愚蠢之极，还是那些卑鄙小人玩弄权术的手法实在高明，尽管杜充丢了开封，朝廷却认为他守了名义上的首都开封近一年，评价他"殉国忘家，得烈丈夫之勇；临机料敌，有古名将之风"。赵构因此任命他为同知枢密院事，官至执政。不知道杜充是不好意思还是嫌官小，推辞了。宋高宗又破格任命他为尚书右仆射同平章事（即右相），官职仅在左相之下，杜充这才不得不上任，上任后兼江淮宣抚使，镇守南京。其实开封能守住近一年，还是靠了当初宗泽所做的军事部署以及地方上一些抗金勇士的顽强抵抗，跟他杜充真没什么关系。

也不是大家都瞎了眼的，杜充有几斤几两还是有人看得清楚的。朝中有大臣向赵构建议：南京到杭州也就一千来里路，守住南京至关重要，请派韩世忠任两浙、江、淮守御使，从镇江到苏州、常州界内的圌山、福山等要害之地都归他管辖防守。

赵构当即否定了这个建议：不可以，这种人没有文化不明义理，他的权势稍盛，将来必定要与杜充抗争，只要让他兼守圌山就足够了。《建炎以来系年要录》中原话为："未可。此曹少能深识义理，若权势稍盛，将来必与杜充争衡，止令兼圌山足矣。"

在还需要人家为他流血拼命的时候，赵构就开始担心韩世忠"权势稍盛"了。

十八　"金"弓之鸟

赵构很快就被自己的话打脸了,这边刚平定了苗、刘内乱,那边外患随即而来,金兵一路南下,很快攻打到南京。

肩负守卫南京重任的杜充只派少量兵力与金兵对阵,除岳飞的部队还守在南京东北的钟山外,其他几支部队全败下阵来。杜充随即放弃了南京城,带三千亲兵逃到了南京东面的真州。真州守将向子忞劝杜充去浙江与赵构会合,杜充拒绝。

杜充此时已有二心,后来完颜宗弼让杜充的好友、已投降金国的康佐给杜充写信劝降,并派人告诉他:如果投降,就把中原封给你,于是杜充降敌。

听到杜充投敌了,赵构"不食者累日",好几天都吃不下啊,他想不通:自己让杜充从一个平民百姓做到宰相,称得上是厚恩了,他为什么要叛变?

不知道赵构有没有反思过,不知道他有没有后悔之前不听大臣的建议。

假如韩世忠知道赵构在背后说过那句语气带着轻视且不信任的话,他还会在战场上那么以死相拼吗?这样的君主值得他披肝沥胆以命相护吗?

在赵构那句"此曹"的余音里,韩世忠和梁红玉夫妇却打了一场回肠荡气、名留史册的抗金大战。

金兵分五路攻破江淮一带防线,韩世忠的部队为了防止被金兵包围,也从镇江退守到江阴。

金兵占领南京后继续南下,开始"搜山检海"追捕赵构。赵构现在知道还是韩世忠"此曹"靠得牢,紧急召他回杭州问计。

韩世忠认为金人在南方不占优势,只要全力抵抗,占不到便宜的金兵就会回撤江北,他愿意守在长江一带,一方面抵挡敌军,一方面等金兵回撤的时候拦截他们,"尽死一战"。

在宋军败的败、降的降的时候,韩世忠的决心和忠心让赵构大为感动:你的这番话"实契朕怀",现在金人南渡,直趋杭州,"朕以宗社之重,暂避其锋"。直说了,就是:我皇帝要开溜了,但我开溜是国家需要,是为了江山社稷。

要开溜的赵构没有忘记以朕的口吻给韩世忠一番战前动员和激励:敌人这次深入江南,必定人困马乏,而且他们残暴无比,或许是天意要亡他们。如果这次你能一战取胜,大宋的皇位和国统得以中兴,那都是你的功劳,朕会不吝赏赐的,凡是从敌人那里缴获的金银财物,全都奖给将士,已经下令给你二百张没有填写姓名的补官文凭,用于激励将士。

封官加爵对赵构来说真的就是一张纸的事情,为了让别人保他的命,他又用上了惯用的这一招——二百张空白补官文凭。

等到完颜宗弼带着金兵来到杭州,赵构早已沿绍兴、宁波方向跑路。

皇帝都逃了,杭州城的老百姓也基本逃走了,被改为临安府的杭州并没有因皇帝的临幸而安宁。

金兵一路追追追,赵构一路跑跑跑,赵构成了历史上有名的跑路皇帝——不是在逃跑的路上,就是在商量往哪里跑。

赵构最初是在河南商丘称帝建立南宋的,但商丘离开封不远,赵构哪敢久留,一看形势不对撒开脚丫子就跑。接着来到镇江,不过也未久留,又跑到了扬州。赵构在扬州待了一年多,还因为惊闻金兵追来了而留下生理后遗症,于是又逃到了杭州。杭州相对而言离长江远,一旦金军过江,赵构认为有足够的时间再次逃跑。

一直被金兵追着跑的赵构,已似"金"弓之鸟。他从扬州跑到杭州后,起先歇脚于钱塘江边的归德院。那天睡至半夜,忽闻门外一片喧嚣,好似千军万马呼啸而来,不由得大吃一惊,以为追兵又到,起身欲逃。要逃也得先摸清情况,他便派人去打听,待探子来报是钱塘江潮水奔涌的声音,赵构才知是虚惊一场。为掩饰尴尬,第二天赵构写了"潮鸣"两个大字,并以此为题赋诗一首,赐归德院。该院便将"潮鸣"两字制成匾额悬于寺前,潮鸣寺由此而来,潮鸣寺巷也因潮鸣寺而得名。如今潮鸣寺已不见踪影,但潮鸣寺巷仍在,只是已处于城中闹市,不再像八百多年前那样靠近钱塘江，再大的潮声也无法传到此地。

刚到杭州时，赵构只能屈居州府办公。凤凰山脚下的州府条件自然简陋，周边环境也比较原生态。一天赵构被一阵此起彼伏的怪叫声吓了一跳，后来才知道是山上成群的乌鸦在叫。皇帝受惊不是小事，朝中马上传令派人上山赶鸟，于是一群人上山，拿着弹弓驱赶鸟儿，本来在山上一直过得挺自在的鸟群只能四处逃散。但赶走后它们又会飞回来，赵构也没办法，只能自嘲地笑笑。

十八　「金」弓之鸟

十九

第一个下海的皇帝

    赵构认为杭州离长江远方便跑路,还真想对了,不久金兵真的打到了杭州。

    赵构这时已经跑宁波去了,完颜宗弼即派部将带了四千人马去攻打宁波。一路顺风顺水的金兵没有料到,在这里遇到了一点麻烦,遭到宋军的阻击,连赵构身边的卫兵都来参战了,结果金兵损失了上千人马。金兵第二次来攻,又折损士兵千余人。一半人马折损,金兵只得趁着夜色退到余姚。

    在打宁波一仗之前,赵构专门找张俊谈话:咱俩现在是一根绳上的蚂蚱,我不能离开你,你也离不开我,你若能给我顶住,将来一定封官加爵——"朕非卿则倡义谁先,卿非朕则前功俱废……兵一战成功,当封王爵"。赵构说得直接,张俊也想得明白,所以当金兵来攻打宁波时,他和宁波守臣在城墙上坐镇指挥,也算是运气好,这只是金兵的一支先头部队,力量不是太强,这一仗虽然打得惨烈,但也算完成了掩护赵构撤离的任务,然后张俊就弃城了。

完颜宗弼本以为拿下宁波只是小菜一碟,没想到会吃瘪。于是自己带着人马兵分两路来攻打宁波,结果他傻眼了,宁波已是一座空城。

赵构已经乘船下海。

要不要下海逃难,在这之前是有争议的,赵构自己也一时拿不定主意。下海的建议是宰相吕颐浩提出来的,他认为:金人以骑兵见长,如果沿浙东山地躲避,金兵仍会骑马追袭,恐怕会因粮食运输跟不上,乃至生变。如果放弃陆路航海避敌,登上海船之后,金兵就必定不能实施其偷袭计划。江浙太热,这儿不是金人久留之地……敌进我退,敌退我进,乃兵家之奇也。

毕竟能当宰相也不是吃素的,吕颐浩的说法很有道理,只是把一个逃跑计划说成兵家奇谋,那只能算给自己也给赵构一个台阶下。

这还是其次,关键是吕颐浩的想法有点出格,当场就有人提出:"自古以来,从来没有帝王乘舟兴于海上的。"破例的事情在严格讲究体统的古代,绝对是一件让大家不容易接受的事情,甚至有身败名裂的危险,这也是历代改革变法者没有好结果的原因。皇帝的根基从来都是在陆地上的，哪有皇帝甚至差不多整个朝廷跑到风急浪高、飘摇不定的海上去的？

但大家都找不到更好的办法。"舍海道将安之?"大家议论纷纷，各执一词。赵构沉吟半天，自己也想不出好办法，又一时拿不定主意，只好说：此事可以考虑，大家回去好好想想，明天细议。

第二天大家各抒己见，还是分成两派，互不相让。赵构其实想清楚了，但他还是要听听大家怎么说，任大家争来争去，因为在争议中他才能看出谁对他忠心谁懂他的心思，这是当领导的考验下属的手段，赵构很善于运用这种手段。当大臣们议论完毕，赵构最后一锤定音：朕昨夜深思熟虑，航海断在必行，你们当务之急是寻找船只。

枢密院提领海船(相当于海军司令员)张公裕，短短几天时间就募集到一千多艘船只。等到金兵占领宁波时，赵构一行已经沿定海往温州、台州方向顺海逃窜。金兵随后在海上追击三百余里，但因海战没有优势，最终被张公裕击退，没能追上赵构。

后来赵构在台州章安镇登陆，但迎接他的不是红地毯，而是稻草垫，因为滩涂泥泞，为了防止脚陷泥滩，地方官员只能铺着稻草垫来迎接赵构。当时吕颐浩也特别郁闷，当初是他向赵构推荐杜充去守南京的，如果南京不失，他们也不至于如此狼狈不堪。登陆后他与其他大臣"常郁郁不乐，游宴六鳌峰，以消忧感"。后来吕颐浩很快被免职，不知道是不是与此有关。

出海之前，吕颐浩还差点丧命。当时张公裕短短几天时间就募集到一千多艘船只，数量已不算少。但相对于要上船的人数，这些船仍然不够用，于是规定每船承载六十名卫士，每个卫士只能携带家属两人。以张宝为首的一百多名卫士提出强烈抗议：我们上有父母，下有妻儿，不知两者如何去留？他们聚集于行朝门前，挡住入朝议事的宰相吕颐浩的去路。在争辩中，张宝等人欲杀掉宰相，多亏参知政范宗尹赶来，把吕颐浩拉入大殿内并关上了大门。

赵构闻知此事，对身边的大臣说：听说大家有些情绪和意见，不想入海，在国家危难之际，岂可如二圣不避敌，坐贻大祸？上升到国家危难的程度来讲出海避敌，这话之前赵构跟韩世忠已说过，何况反面的例子就摆在眼前，"二圣"就是因为不避敌所以被金人扣押于北方。于是，他下诏安抚卫士，众人情绪稍缓后散去。回过头来，赵构密召吕颐浩，让他晚上悄悄布置五百名精兵埋伏于后花园。第二天一早，张宝等人随大臣入朝，这时伏兵四起，张宝等惊慌溃逃。这时候赵构一身戎装出现，来到殿前，挽弓射杀两个想爬墙逃跑的人。谁也没想到皇上亲自登场，众皆骇惧，悉被擒拿。

没抓到赵构让完颜宗弼恼羞成怒,他下令放火焚烧定海,然后以"搜山检海已毕"为托词北返。

赵构在海上避难的时候,并不知道,除了金兵在追捕他之外,还有一个人雇了一艘船也在追踪他。

这个人就是著名的女词人李清照。且看她写于1130年的一首词《渔家傲》:

> 天接云涛连晓雾,星河欲转千帆舞。仿佛梦魂归帝所,闻天语,殷勤问我归何处。
>
> 我报路长嗟日暮,学诗谩有惊人句。九万里风鹏正举,风休住,蓬舟吹取三山去。

赵明诚和李清照夫妇本是幸福的一对,如果生活在像今天这样的和平年代,李清照完全可以无忧无虑地过她精致的小资生活。然而,他们不幸碰上了一个战乱的年代。

夫妻俩最大的爱好是收藏,家中藏有大量书、画、古代器皿,其中尤以商周时代的鼎最为珍贵。在战乱中,两口子带着这些总计十五车的重量级文物往江南跑,艰难程度可想而知。

一年前,有个叫张飞卿的学士,拿了一个玉壶给李清照两口子看,估计是要他们鉴定,两口子看了之后,说这是珉,一种像玉的石头。三人谈了很久,之后,张飞卿拿着玉壶走了。

　　但麻烦却来了，一起普通的收藏鉴定事件，居然被扭曲成一桩政治事件，在外就传成了他们夫妇拿了一个玉壶要张飞卿献给金国的完颜宗弼，然后还要将十五车珍贵的文物献给金寇。紧接着，有人向朝廷告密。内奸罪是战时最严重的罪行，可谓人人得而诛之。李清照哪里当得起这样的曲解和惊吓，她当时"大惶怖，不敢言，亦不敢遂已"。再说这事也说不清楚，你怎么证明你没有想过要把文物献给金人呢？那就只能"尽将家中所有铜器文物，欲赴外廷投进"，也就是她将家里所有的文物打包运输，打算送到大宋朝廷去，以表自己的忠心。

　　这时候朝廷在哪里？正在海上漂。此时，赵明诚已死，重担就落在一个弱女子身上，单纯而真诚的李清照居然雇了一条船，到大海上去找朝廷。李清照对这次航海有记载："走黄岩，雇舟入海，奔行朝。"所谓"行朝"，就是行走中的大宋朝廷。赵构哪里知道，会有一个女子，带着满心的忠诚、委屈以及惶恐，踏浪追来，要向他讨一个清白。尽管她盼望"帝"能"殷勤问我归何处"，但自顾不暇的赵构和大宋朝廷，哪有心思来管她的那些文物。

　　历史的一小朵浪花，对普通人而言，往往就是一片惊涛骇浪。

二十

战场夫妻档

在赵构在海上漂的四十多天里，韩世忠则在镇江抓紧时间募集、新造和改造战船，并且让士兵日夜操练，以备水战。

他所拥有的百余艘战船，堪称当时的航空母舰。战船名艨艟，也叫艨冲、蒙冲，是古代水军的主力船。艨艟的整个船舱和船板都用牛皮包覆，可防火。两舷各开数个桨孔以插船桨划船。每一层船舱四面开有弩窗矛孔，可从各个方向攻击敌人。杜佑的《通典·兵典》中就有记载："以生牛皮蒙船覆背，两厢开掣棹孔，前后左右有弩窗、矛穴，敌不得近，矢石不能败。"曾公亮编的《武经总要》对韩世忠的战船也有专门的记载。

韩世忠还研究出一种新型武器钢爪钩：一根长长的大

铁索,铁索顶端有个特制的尖利钢爪。一旦敌船出现,几个大汉操控长铁索用钢爪钩住敌船,并拖到自己的战船边上,然后用弓弩、石炮、火药等齐攻之,直至船毁人亡。

一切准备妥当,韩世忠在焦山、金山一带严密布防,就等金兵前来。

金兵追捕赵构无果,悻悻往北回撤,在杭州抢掠一番,离开时又放了一把火。

完颜宗弼要回北方正好印证了当初韩世忠的判断,已经严阵以待的韩世忠,让北归的金人撞了一下腰。

完颜宗弼知道免不了要正面交锋,索性给韩世忠下了一道战书约战。

就兵力来说,完颜宗弼的十多万大军是韩世忠的十倍多,但对手是韩世忠,完颜宗弼还是不敢大意,于是在一个月明星稀的晚上,完颜宗弼带着两个将领和两个随从,去登山偷看宋军水寨布局。

知彼知己确实很重要,不光完颜宗弼知道这一点,韩世忠也知道。料定金兵会来偷看宋军阵营,韩世忠已经安排副将苏德,在金山龙王庙附近埋伏了三路人马。

完颜宗弼等五人来到龙王庙,还未立稳脚跟,突然一阵鼓声响起,听到鼓声信号的伏兵猛然杀出,五人中一人吓得直接从马上掉地。

五人中有两个被宋军活捉,其中一个是穿绛袍系玉带

二十 战场夫妻档

的"元帅"。一审问,"元帅"只是穿了一身行头的小官。狡猾的完颜宗弼为防对手擒贼先擒王或者来个斩首行动,经常让别人穿上他的元帅服,而自己着一身普通军装,这样就不会引起别人注意。

他的狡猾在这天晚上救了他,当苏德等人集中注意力捉拿"元帅"的时候,真正的元帅完颜宗弼却逃走了。韩世忠知道后后悔得猛一拍大腿:早知道多派点人马了。

梁红玉安慰他:这次没抓到不要紧,我们来个瓮中捉"弼"。

韩世忠问她有何高招,梁红玉说了三个字:黄天荡。韩世忠一听哈哈大笑:我们想一块去了!

荡就是浅水湖,现今的南京东北镇江西北这个地方,当时是一个大水湾即黄天荡,这是长江分流出来的一条逼仄的水道,前面没有源头,河道狭窄,里面水宽流缓但多淤泥杂草,除了唯一的荡口外别无出路。

金兵本是在北方广袤土地上纵横驰骋的骑兵,到了江南水乡不得不弃马变成水兵。既不熟悉地形也不懂水战的金兵,在第一天交战的时候很快就被韩世忠的部队逼进了黄天荡,韩世忠随即将战船集中在荡口,牢牢地封锁住整个黄天荡。

梁红玉向韩世忠建议:金兵现在被困,一定会急于冲出去,接下来会是一场恶战,可以将八千水军分成八队,你统帅八队水军,我在中军水寨上擂鼓挥旗,鼓响则船进,鼓停则船停,战船攻哪里就看我手中白旗,旗指向哪里就攻哪里。

完颜宗弼一看黄天荡的地形,心里一惊,被堵在这潭水中怕是夜长梦多。他召部下商量了半天,也只有一条出路,明天从荡口强行突围。

完颜宗弼虽然心中没底,但不相信十万人冲不破八千多人的防线。

第二天金兵先头战船三百艘直冲宋军水寨,完颜宗弼自领大军准备随后接应。当初金兵退到黄天荡是顺流而下,现在要冲出去就变成逆流而上,且宋军兵力全集中在荡口,要突破是难上加难。

带领先头部队的金将在完颜宗弼的死命令下,只能硬着头皮向前冲。在桅楼上看到金兵靠近,梁红玉抡起鼓槌,霎时鼓声阵阵,杀声震天,弓箭火炮齐发,死伤惨重的金兵随后又被宋军的艨艟撞得晕头转向,第一次突围很快失败。

金兵又迅速集结发起连续强攻,湖面上已是硝烟弥漫,在浓密的硝烟中,金兵完全失去了方向。而梁红玉在高处却对敌军动向看得清清楚楚,宋军听鼓声看白旗的指挥,有条不紊地进攻,一天下来遭到重创的金兵不得不重新缩回黄天荡。

完颜宗弼一清点人马,发现竟损兵折将八万多人,只剩

二十 战场夫妻档

下近两万人马和船只四百余艘。

如果说在平定苗、刘判乱中,梁红玉只是初露锋芒,那么在黄天荡一战中,她在"让女人走开"的战场上终于惊艳登场,因一槌而流芳百世。"梁红玉击鼓抗金"就此成为梁红玉和韩世忠一起在战场谱写的一段为后人津津乐道的佳话。后人编写了各种故事、剧本、歌曲,塑了各种雕像,来传颂和纪念梁红玉击鼓抗金的传奇。

就如后人所创作的《咏梁红玉》中所写:

烽烟曾绕润州城,
江畔犹闻战鼓声。
金甲护身翎羽透,
汗巾裹腹鬼神惊。
红颜凛凛芳名在,
青史斑斑血泪盈。
无奈朝中皆鼠辈,
难凭英烈定输赢。

只是擂个鼓,为什么就让梁红玉巾帼英雄的美名与形象那么深入人心?

在水战中特别强调排兵布阵和保持队形,水上作战时,受水雾、硝烟的影响,战船往往看不清方向和情势,这时候就需要有统一的指挥。

没有高科技的时代，鼓声和旗帜就是一种指令，擂鼓挥旗就是在指挥军队，需要用智慧去判断形势，发出正确有效的指令。而且身居高处，也是敌人容易攻击的目标，所以非常危险。更何况是统帅夫人上阵，集智慧、勇敢与美貌于一身，岂能不为后人津津乐道、流芳后世？

完颜宗弼遭此迎头痛击，脑子清醒多了，强攻显然是不行了，大丈夫能屈能伸，保命要紧，金国四太子也不顾面子了，派出使者求和：只要放我一条生路，愿意归还侵占的土地和抢夺的财物。

韩世忠让使者带回一句话："让兀术自缚来请罪。"

完颜宗弼当然不敢把自己送上门，又派使者给韩世忠送上礼物和一封信，信中表示愿献上精良战马买一条生路，落款为"宗弼拜上 大宋建炎四年四月丁亥"。

为了活命，脸面早已经变得无足轻重。献上战马对金国勇士来说是极大的侮辱，信的末尾写的也是大宋年号。完颜宗弼确实到了不顾脸面的地步了。

韩世忠照样不屑一顾，把送来的礼物往江里一扔：要想活着出去，把两位皇帝和抢去的所有土地全部归还，没有讨价还价的余地！

虽贵为金国四太子，完颜宗弼也答应不了这样的要求，只得继续硬扛。

韩世忠在临安

梁红玉塑像

完颜宗弼不由得怀念骑马的日子："南军使船欲如使马,奈何?"

有谋士出主意："我们没办法,不代表当地人没办法,只要重金悬赏,定会有人出招。"

这一招还真灵,马上有一汉奸献计:在黄天荡和秦淮河之间,有一条久被废弃的河道,只要把河道挖通,就能从秦淮河到南京城。

完颜宗弼大喜,命士兵开挖河道,还真给挖通了,于是逃出了黄天荡。

就在完颜宗弼喜出望外之际,逃出去的将士却遇上了岳飞的部队,已经被围困得没有战斗力的金兵被岳飞的部队顺手一顿猛揍,只得沿着刚挖好的河道乖乖退回黄天荡。

完颜宗弼郁闷至极,难道真的要把命丢在这里了? 一怒之下把出主意的人给杀了,奖金没收。

战争的间隙也有浪漫。一天晚上,月光明亮,江上微风习习,略带凉意却也相当惬意。韩世忠与梁红玉坐在作战的那艘指挥船上,两人深情款款把酒对月。没有硝烟的长江江面上,波光粼粼,原来在温柔月色中战场也会变得如此柔情万种;波浪起伏,连战船也犹如一只温婉的手在恰到好处地轻摇。韩世忠站起来,搂着妻子凭栏远眺。这次征战,梁红玉一直陪在他身边,不但在生活起居上贴心照顾,在用兵打仗时也给他出谋划策,甚至直接上场擂鼓指挥。

面对长江月色,梁红玉不禁轻轻哼起了《月儿弯弯照九州》:"月儿弯弯照九州,几家欢乐几家愁。几家夫妇同罗帐,几个飘零在外头?"哼着哼着,她轻轻地迈开步子舞起来。韩世忠随着节拍轻晃脑袋,欣赏着月下妻子轻柔婀娜的舞姿,神情沉醉。看了一会儿,韩世忠也乘着酒兴拔剑起舞,月光下一柔一刚的舞蹈如此和谐优美。江水微波拍打船舷如拊掌击节。

韩世忠今晚特别开心,已经喝了不少酒。完颜宗弼已经被困近四十天,眼看就要手到擒来,能不开心吗?眼前美景美人美酒,他也是难得有如此惬意的时刻。待两人坐定,他又要斟酒,梁红玉轻轻地按住他的手,提醒他:"金兀术也不是浪得虚名的,还是要小心,别让他跑了。"韩世忠哈哈一笑:"夫人放心,金兀术插翅难逃,等他粮尽,不投降也得饿死。"梁红玉还是劝他:"今天晚上不要再喝了,早点歇息,待抓住兀术,我们再痛快畅饮。"

事后证明梁红玉的提醒并非多余。黔驴技穷又不甘坐以待毙的完颜宗弼只能故伎重演,再出重赏。又一汉奸登场,是一姓王的福建人,在南京做生意,以卖米为生。

王汉奸给了两条建议:以土压船,再将各船相连,这样船就稳如陆地,避免了金兵在水上作战的劣势。

完颜宗弼一听茅塞顿开,急问:然后呢?

第二条建议就是趁哪天风平浪静再发起突围,艨艟以风吹帆为动力,没有风或风小的日子,艨艟就基本失去动力,然后再用火箭射帆,船帆烧掉,艨艟就成了一个摆设,那么大的船,靠人划桨根本跑不动。

完颜宗弼大喜过望,在没收回来的奖金中大大地加了一笔,赏给了王汉奸。

已经把金兵围困了四十多天,宋军有点放松警惕,以为捉住完颜宗弼只是时间问题,并没有料到被置之死地者有时会爆发出超常的力量。

完颜宗弼依计而行,选择了一个无风的日子,乘小船先逼近艨艟,用火箭射向船帆,船帆烧起来的烟雾弥漫江上,金兵趁机发起攻击,没料到这一招的宋军一时招架不住而败退,韩世忠手下的三员战将孔世询、严永吉、张渊等也战死。

完颜宗弼撤到南京,在撤回北方之前,金人疯狂报复大肆屠城,屠杀居民十七万余,而后又放火烧城,扬长而去。

黄天荡一战被称为南宋中兴之战,未免有粉饰之嫌,不过此后金人再没敢渡江来战,所以此战为之后一百多年两国划江而治打下了基础是不争的事实。

《大金国志》记载,完颜宗弼从江南回,初到江北时,每次遇到亲近的人,必与其相拥而泣,诉说过江的艰难危险,差点未能幸免于难。这段惨痛的经历,是不是经常让他从噩梦中惊醒?

二十 战场夫妻档

现在杨溪村过年的时候，有一档历代相传的传统节目，即根据这段历史改编的舞蹈表演《蕲王出征》，讲的就是韩世忠、梁红玉夫妇出征黄天荡之前沙场练兵的事。

二十一

梁红玉没有等来那一天

　　本来黄天荡之战，韩世忠是可以完胜的，却在最后被翻盘，让几乎必死的完颜宗弼死里逃生，韩世忠懊悔不已。

　　丈夫还在懊悔，梁红玉却想到了更深的一步。她写了一封弹劾韩世忠的信，诉韩世忠"失机纵敌"，请朝廷加罪。

　　弹劾书被送到了隆祐太后手上。苗、刘兵变中，隆祐太后召见过梁红玉，两人聊了许久。后来梁红玉又不负重托，和丈夫在平叛中立下大功，太后对她自然是青睐有加。

　　隆祐太后和赵构专门谈论了弹劾书的事：韩帅只有八千兵力，却消灭了八万多金兵，还把金兵围困了四十八天，立了大功，现在梁红玉因为金兀术逃走，上书弹劾自己丈夫，其意可嘉，但断无弹劾之理。

　　刚经历了一路逃难的赵构，现在终于可以安稳地坐在宫中的龙椅上，其实也从心底里感激韩世忠。太后不说他也明白。此后赵构六次亲自写下札子，安抚、赞扬韩世忠，封其为检校少师、武成感德军节度使、神武左军都统制。梁红玉则被封为杨国夫人。

赵构又下诏户部拨白金三万两赐韩世忠，此抚恤战殁将士。

黄天荡之战，说是一场胜仗肯定没问题，南宋真正的开始就是这一仗打出来的。但要说这一仗败了也没错，宋军最后一战伤亡惨重，几员大将战死，韩世忠军不得不重新退回镇江，还让金兵统帅逃走了，这些真要细究起来罪也不轻。

有人的地方就有江湖，而朝廷的复杂与凶险远胜于江湖。在外流血拼命，有时候敌不过某些人的三两句谗言。

以韩世忠耿直的性格，他不会在乎别人事后怎么说三道四。但梁红玉看得更清楚，朝中的主和派本来就对主战派有所忌恨，而且现在主和派又在朝中占上风，要是有人拿战争中的失误来挑刺，则会让人百口莫辩。尤其是完颜宗弼最后逃走，如果有人意味深长地问一句：都被你围困四十多天了，怎么会让他逃走的？为什么一直围而不攻？这事也就可大可小了。

梁红玉想到了先发制人，她要保护丈夫，不能让丈夫像自己的父亲和爷爷那样，因一句"贻误战机"而被杀头。以弹劾书先自责其罪，就堵住了别人搬弄是非的嘴。皇帝后来给予的几番表彰嘉奖，又堵住了别人挑拨离间的可能。

有人对梁红玉弹劾丈夫之举也有不同的评价，比如一位清代诗人就写过这么一首《梁夫人抗疏劾韩世忠》：

不因夫婿议从轻，一疏森严上帝京。

博得九重温语答，美人未免太沽名。

后人对历史的评价尽可见仁见智，但在一个"无奈朝中皆鼠辈，难凭英烈定输赢"的时代，先发制人堵住进谗者的嘴，或许并非多虑，能防患未然，的确也棋高一着。梁红玉之所以为后人景仰，不仅是因为其英勇，也是因为其聪慧。

黄天荡大战后，梁红玉曾独领一军与韩世忠转战各地。绍兴五年（1135），韩世忠的三万军兵驻扎江苏淮安（时楚州），梁红玉随行。

朝中几次商议，要派人防守淮河流域，守住这一带就相当于给南宋筑起了一道安全防线，但无人响应。淮河流域是宋金争战的前线，连年战乱给这一带造成了极大的破坏，条件艰苦不说，最前线自然也最危险，所以"人多惮行"。又是韩世忠站出来领走了艰巨任务。

赵构听到韩世忠的部队渡江的消息后，在给韩世忠的手札中是赞赏有加、关怀备至："今闻全师渡江，威声遐畅。卿妻子同行，乍到，医药饮食，或恐未备，有所须，一一奏来也！"他也知道那边条件艰苦,这时候他对韩世忠及其家人表现出的关心是真诚的,只是医药饮食不是"未备"而是严重缺乏。

淮安是梁红玉的出生地。现今淮安市淮城镇新城村(时北宸坊)建有梁红玉祠,祠内塑像两侧有一副对联:"也是红妆翠袖,然而青史丹心。"

韩世忠陪梁红玉到她出生的地方去寻访旧踪,但那里已面目全非。由于连年战乱,房子损毁,梁红玉都没有找到自己的家。不过还能找到北宸坊火神庙的大致位置,小时候梁红玉来这一带玩过,有时大人会带着她进庙烧香。而此时,他们看到的这座庙已相当破败萧条。有两条马路还是当年的样子,不过曾经很热闹的店面都损毁了,路面的青石板不少已断裂。

眼前的景象让梁红玉有点伤感。韩世忠安慰了她一番,两人牵着马慢慢地往回走。

由于此地经受了战乱的浩劫,韩世忠的三万人马到来后,首先面对的是食无粮、居无屋的艰苦条件。

梁红玉再次当起韩世忠的得力助手,她带着士兵一起动手"织蒲为屋",用芦苇编织搭建草房,解决住的问题。

迫在眉睫要解决的还有吃的问题,实在缺粮,梁红玉又带人去挖野菜充饥。在文通塔下的勺湖岸边,她发现马在吃蒲茎,便也采来尝食,发现味道还行,就发动大家采蒲茎充饥。

而韩世忠则不但要忙于招集流亡民众,恢复生产和通商,安抚稳定民心,还要带兵防守,不时应对金兵的各种骚扰和攻击,并筹划在旧城之外再建新城,以抵御和抗击金兵。

一支队伍的凝聚力和战斗力强弱,取决于统帅是否有人格魅力,是否能以身作则。无论是带兵打仗还是劳动耕作,韩世忠和梁红玉都没有因自己是当地守军的最高领导或领导夫人而享受特殊待遇,而是身先士卒、身体力行。

对士兵的体恤和爱护是手下将士愿意追随韩世忠和梁红玉的重要原因。每有将士战亡,梁红玉都尽可能上门去安抚家属。

韩世忠深知士兵在行军途中或战事稍歇时,会疲惫口渴,需要饮水,特令制作陶壶用以盛水,士兵都随身系之。因为它是韩世忠所创,故称"韩瓶",可算作军用水壶的前身。

由于生活清苦,日夜劳作,梁红玉病倒了。尽管韩世忠想了很多办法,但终因缺医少药,连吃点有营养的东西补补身体都难以实现,三十五岁的梁红玉一病不起。梁红玉去世后,朝廷下诏赐银子五百两、丝帛五百匹。

到梁红玉出生地寻访旧踪的那天,韩世忠安慰妻子时说过一句话:"等战事安宁,再把你家重建起来。"可遗憾的是,梁红玉没有等到这一天。

二十一 梁红玉没有等来那一天

二十二

挨揍的人找上门来

梁红玉去世后,韩世忠又在淮安驻守了六年。第二年宰相兼都督诸路军马张浚来到驻地,命他带兵攻打淮阳。此时伪齐皇帝刘豫正屯兵淮阳,意图与金兵联合攻打南宋。

韩世忠在江苏宿迁一带先击败一支金兵,随后率兵北进至淮阳城下。伪齐军龟缩城中,坚守不出,韩世忠的军队围城六天未能攻下,这时金将完颜宗弼、伪齐皇帝刘豫之侄刘猊带着援军相继赶到,韩世忠遂向江东宣抚使张俊求援,张俊却不发兵。韩世忠兵力不足,只得收兵回淮安。此前我们提到过的呼延通,这时是韩世忠部下先锋大将、统制官,他就是在此战中徒手生擒了金将牙合孛堇。

韩军回淮安时,"淮阳民从军南归者万数,都督行府悉授田居之"。在这万余人当中,有一个绥德人。

回淮安不久，有一天，韩世忠刚回到都督府，有人来报，外面有个叫席三的绥德老乡求见。"席三?"韩世忠想了想，猛然想起是谁："快请他进来。"

站在韩世忠面前的这个席三，头发胡子花白，人也干瘦，微驼着背，一件洗得发白的长衫套在他的身上显得有点大。他向韩世忠拱手作揖："拜见韩大人，请恕打扰，小的席三，不知道大人还记不记得。"

"记得记得。"韩世忠把席三引进屋坐下，眼前这个干瘦的老人已经和他印象中的形象几乎没有重叠之处。

两人感慨:时间过得真快，都三十多年了。当时韩世忠还是人们口中的那个"泼韩五"，他和三个小兄弟跑到了绥州城闲逛，逛到了席三的算命摊前。那天没什么生意，席三正坐在椅子上闭目养神，韩世忠他们几个人在他的摊前立住，他也没有抬眼看。他们当中最爱捉弄人的一个小兄弟对他喊了一句："算命瞎子，帮我算个命。"席三也没有抬眼，回了一句："要算命先给钱。"小兄弟说："我们没钱。"席三知道遇上了不好惹的，睁开眼看他们。四个人笑作一团："哈哈哈哈，原来你不瞎。"

以前算命的多是盲人，盲人行动不便，干不了别的什么活，算命容易学，也不需要用眼看，报上生辰八字就可以掐指一算。算命这行当其实并不好干，虽然有很多人迷信，但如果不是碰上一些人生关口，谁也不会有事没事就去算上一命的,所以也只有那些人们口口相传特别灵的算命先生,才不愁生计。大部分算命的盲人,靠手中的一根细竹竿敲打着地面探路,走村串户问人要不要算命。有的则带着小孩子,由小孩子牵着竹竿带路,一家一家地问要不要算命。基本上都是每问一家就被回绝一家的,盲人就会求人家:能不能给孩子一点吃的? 这种方式已几近乞讨,只比直接要饭多了一点点形式上的尊严,不过这时候他们多少能得到一点食物。那时普遍有这么一种约定俗成的规矩,对于已经开口讨口饭吃的人,不能让他们空手而去,除非你自己也穷到要讨饭的地步。这是中国老百姓最朴素的一种善良与同情的表达方式,就是这份善良与同情,才使得这部分处于社会最底层、最无力与命运抗争的人有了一条活路。

所以席三闭目养神的时候,他们很自然地就认为席三是盲人。等他们嬉笑完毕,他们又问席三:没钱算不算? 这时候旁边已经有几个闲人凑过来看热闹。席三盯着韩世忠看了一会儿,说:"这位后生,我可以给你算一卦,不要你的钱。"几个人想知道他会说什么,就让他说来听听。席三说:"这位后生以后一定大富大贵,当位列三公。""三公是什么?"韩世忠问。席三笑笑:"就是太师太傅太保,是除了宰相以外朝中最大的官了。"韩世忠一听,反而脸色一变:"我连算命的钱都没有,你却说我要当朝廷大官,是想哄我让我们早点离开吧,这不是存心让人看我笑话吗?"看旁边有人露出讪笑的表情,韩世忠先给了席三一拳,又一脚把席三给踹倒了,其他人踢翻了席三的算命摊,四个人扬长而去。

两人回忆起这段往事,都忍不住大笑起来。来之前席三心中是忐忑的,不知道韩世忠会不会见他,他脑子中想过各种场景和可能,也做好了失望而归的准备。韩世忠却没有一点架子,还说自己当年不懂事,并为以前打了他向他道歉。席三激动得眼泪都流出来了。冒着热气的饭菜被端上桌来,韩世忠一边让他吃,一边向他打听老家那边的情况,又问他是怎么来到这里的。

席三感叹一言难尽,边吃边聊了起来。陕西被金国占领后,当地能逃的都逃走了,留下来的都是一些年纪大的或者体弱的。这些地方金人还是让汉人自己管理,看起来没什么大的变化,但年轻力壮的都逃走了,连年的战争又带来了巨大的破坏,弄得不好碰上金兵来,金兵更加蛮横无理,看中什么就直接拿走或者抢走,不论县城还是乡下都变得荒凉,老百姓的日子也变得艰难。席三有一个儿子,宋军招募时,他也去抗金了,现在音信全无;两个女儿都随夫家跑到南边来了,当时他和老伴不肯走,现在也不知道女儿落脚在哪里。没过两年老伴也去世了,他一个人日子过得越发艰难,算命这个行当干久了,别的他也干不了。动不动就打仗的年头,逃命都来不及,谁还会来算命?无奈之下,他也只好背井离乡一路南下,到了淮阳,正好碰到韩大人的队伍打过来,后来大批老百姓跟着韩大人的部队往南撤,他也就随着人群到了淮安。

两人聊了许久,中间不时有人有事来向韩世忠禀报。席三见他确实忙,就起身告辞了:"老朽能见到你,死而无憾了。"如今韩世忠功成名就,这让他仿佛看到了自己的一件得意作品,有种满足感和成就感。外人无从知道,三十多年前他对韩世忠的预言,究竟是看准的还是蒙对的。韩世忠也就没多留他,给了他一些铜钱,并派人送他回去。席三千恩万谢后,颤巍巍地往回走,宽大的长衫在风中飘忽,犹如风中火烛,仿佛随时都会离开他的身体飘走。

后来席三想尽办法打探儿子和女儿的消息,但茫茫人海中始终没有他们的音信。他无法掐指算出他们在哪里。不久,他孤独客死镇江。

生逢乱世,每个人的人生都是那样飘忽不定。乱世英雄毕竟只是少数,乱世更多的是难民。

二十三

两个字：不许

虽然淮阳城没攻破，但韩世忠率兵一击，将看似牢固的金国与伪齐联盟敲开了一条缝。

刘豫知道如果自己不能给宋国制造一点麻烦和威胁，他在金人的眼中就没有什么利用价值了，于是在韩世忠攻打淮阳八个月后，金齐联军开展了一次大规模的南侵行动。结果，由韩世忠、岳飞、刘光世、杨沂中等人率领的宋军大败金齐联军。

刘豫的无能让金帝完颜宗翰以及金廷很不满意，但是完颜宗翰也没有办法，当初是他自己立的刘豫，自己的屁股还得自己揩干净。到第二年，完颜宗翰被架空，金廷的实权派再没人为刘豫说话。不久完颜宗翰死了，刘豫也再次兵败，此时刘豫的保护屏障彻底消失，金廷开始着手废除刘豫。

　　刘豫当然也察觉到金国的意图,为了探清金国的态度,他请求金廷立其子刘麟为太子。金人回答说:"徐当遣人咨访河南百姓。"这就属于那种典型的摆到台面上说冠冕堂皇、实际上谁都听得出来的假话,什么时候立皇帝选太子听过老百姓的意见了? 这种实际意思大家都明白但又都不点破的说话艺术,实在是朝廷中官场上的一大特色。

　　就在这个时候,刘豫的另一根救命稻草也消失了,因为秦桧掌权了。秦桧极力主张和谈,本来金国立刘豫就是为了"汉人制汉",现在宋金要和谈,刘豫就更没有存在的价值了。

　　金廷先令完颜昌、完颜宗弼假称南下攻宋,路过伪齐都城开封,先将刘麟骗出城擒获,而后完颜宗弼骑马驰入城中,将正在讲武殿射箭的刘豫抓住,说有急事商量,逼他骑上一匹羸弱瘦马,将他带走囚禁。

　　金人废掉刘豫之后,中原一带一片混乱,"军溃盗起",加之金国内部你争我斗,韩世忠认为这是收复中原的一个难得机会,于是上奏请求北伐。此时赵构正欲和金人议和,尽管对韩世忠大加表扬,却下诏不许他出兵,认为应先静观其变,而且应该遵守信约,不能趁人之乱——"览卿来奏,备见忠义许国之意,深用嘉叹。今疆场之事,以安静为先,变故在彼,不必干预,当敦信约"(见《名臣碑传琬琰集》)。讲信用是美德,但金人跟你讲过信用吗? 又是一套冠冕堂皇的假话。

这一晃又一年过去了,这一年中金国内部矛盾丛生,最终议和派占了上风,于是完颜宗翰之后的继任者完颜亶派使臣萧哲等以江南诏谕使的身份前来宋国议和。既然是议和,双方本是平起平坐的关系,但金使的身份是江南诏谕使,诏谕,是天子下诏令指示臣民的意思,摆明了就是上对下、君对臣的关系。韩世忠听说后,连续四次上疏:金使以诏谕之名而来,恐怕还会重兵压境,胁迫陛下,不能轻易许诺,大不了谈不好举兵打一仗,哪里敌兵势力最强大,臣就愿意去哪里——"金人遣使前来,有诏谕之名,事势颇大。深恐贼情继发重兵压境,逼胁陛下别致礼数,今当熟计,不可轻易许诺,其终不过举兵决战,但以兵势最众去处,臣请当之"(见《建炎以来系年要录》)。

有这样愿意分担重任的下属,领导本该高兴都来不及,可是赵构一心议和,哪怕让他跪下来他也不想打仗只想议和,所以韩世忠"乞赴行在奏事"时,赵构很干脆地回复两个字:"不许。"

不许也就罢了,赵构竟然在给韩世忠的手谕中下了一道颇有点不要脸的命令:"差人防护北使往回,不得少有疏虞,仍严戒将佐及所差人,不得分毫生事。"即使收到如此命令,韩世忠还是不肯放弃,仍上疏力陈不可议和。

赵构显然对韩世忠了解得很透彻。第二年金国再派使

二十二 两个字:不许

臣来的时候,韩世忠秘密派人假扮红巾军,事先埋伏在金使要经过的洪泽镇,准备刺杀使臣以破坏和谈,结果因有人告密而未能成功。

赵构为了和谈已经没有底线,金人要他脱下龙袍跪接诏书,居然真的要他跪下来,而且居然,赵构还真的就答应了!韩世忠"自闻此事,晓夜实不遑安",他对赵构说的这句话,应该是相当委婉和克制了。他除了切切地希望当今皇上"伏望以国体为重,深加计虑",更希望以死报国:"臣边远庸材。荷国厚恩。无以补报。今正当主辱臣死之时。臣愿效死节。激昂士卒。率先迎敌。期于必战。以决成败。臣若不克。事势难立。至是陛下委曲听从。事亦未晚。"[注]

面对韩世忠三番五次言辞激烈的上奏,赵构又没脸没皮地往自己脸上贴金了:"朕勉从人欲,嗣有大器,而梓宫未归,母后在远,陵寝宫禁,尚尔隔绝,兄弟宗族,未遂会聚,十余年间,兵民不得休息,早夜念之,何以为心。所宜屈己和戎,以图所欲……"

真有点皇帝不急太监急的味道。之所以在此处大量引用史书所记下的原话,是因为我们想透过厚重的历史尘埃,让人们今天依然可以从这些记载中强烈地感受到一世名将、一代功臣那几欲喷薄而出的正气、胆气和血气,也让人看到居然还有如此的虚伪、丑陋和卑鄙。

韩世忠力陈和议之非,自然也得罪了另一个人,"由是秦桧恶之"。

次年的初夏,也就是在打算伏击金使几个月后,韩世忠请求将自己俸禄的一半用于资助军队,赵构"不许"。

到了这年初秋,金国因内部权力争斗,诛戮大臣,政局不稳,韩世忠提议乘虚而入带兵北伐,赵构还是"不许"。

在皇位上"高瞻远瞩"的赵构批评韩世忠不识大体:"世忠武人,不识大体。金人方通盟好,若乘乱幸灾,异时何以使敌国守信义。"真该授他一块"讲诚信守信用皇帝"的匾。

一边是韩世忠请战屡屡不许,一边是秦桧等人不惜代价进行和谈。和谈时,金人问起两个人,一个叫赵荣,一个叫王威,两人是金国所占土地中两个州的知州,这两个州也在这次金国打算归还宋国的土地范围之中,但两人还没等到正式交割,就提前献城归宋了。这个性质就不一样了,这等于叛降了,其家人因此而遭灭门。在和谈过程中,完颜宗弼首先问起这两个人,接着金使到来也提出要把这两个人送回金国,这成了和谈的条件之一。

先对归还土地一事稍做交代。在金廷中完颜昌(女真名挞懒)是主和派大臣,宋金和谈,于宋是秦桧在主导,于金就是完颜昌在主导。之前也说过,传说秦桧及其妻王氏被掳金国,王氏与完颜昌私通,秦桧因此不但保命还得到金人赏识。秦桧回宋之后,要推行和谈,自然还得抱住完颜昌的大腿。这次和谈中,金国许诺将原来伪齐的旧地还给南宋,

二十二　两个字：不许

就是完颜昌提议和力推的。金国通过朝议渐知其当初和秦桧等通气而倡议割河南、陕西之地，正好又有人告他谋反，金熙宗就下诏将完颜昌杀了，动手杀完颜昌的正是主战派大臣完颜宗弼。

失去了可以依靠的"金主"，最为惶恐的就是秦桧。他在赵构这里的价值全赖和谈，一旦金人不跟你和谈了，不要说荣华富贵，就是身家性命都可能难保，所以他急于在金国抱另外的大腿，这时候完颜宗弼提到赵荣和王威，秦桧心想正好可借此机会讨好完颜宗弼，于是秦桧在赵构面前一番花言巧语，赵构就同意将赵荣和王威两人遣返。

这一人所不齿的做法引起了忠义之士的愤慨，于是韩世忠写信质问秦桧："（赵）荣、（王）威不忘本朝，以身归顺，父母妻子悉遭屠灭，相公尚忍遣之，无复中原望耶？"秦桧自知理亏，但韩世忠的质问不但没有让他放弃，反而让他心里对韩世忠更加忌恨。秦桧担心韩世忠会再次半路拦截，就派人带赵荣、王威绕道离开。

不幸被韩世忠言中，第二年，金国败盟。不惜一切手段压制韩世忠等主战派将领的赵构，并没有用自己的"诚信"换来"敌国守信义"。完颜宗弼率兵攻宋之前，先在元帅府举行了一次盛大的阅兵仪式，然后兵分四路南下——其中一路由宋国遣返的赵荣带兵。

金兵撕毁协议，最惶恐不安的不是赵构而是秦桧，但秦桧见风转舵的水平和见人说人话见鬼说鬼话的嘴上功夫却不得不让人叹服，他立马上疏说："臣闻德无常师，主善为师；善无常主，协于克一。此伊尹相汤，咸有一德之言也。臣昨见挞懒有割地讲和之议，故赞陛下取河南故疆。既而兀朮戕其叔挞懒，监公佐之归，和议已变，故赞陛下定吊民伐罪之计。今兀朮变和议果矣，臣愿先至江上，谕诸路师同力招讨，陛下相次劳军，如汉高祖以马上治天下，不宁厥居，为社稷宗庙决策于今日。如臣言不可行，即乞罢免以明孔圣陈力就列，不能者止之义。"（南宋周必大所著《二老堂诗话》对此有记载）先搬出一段名人名言，说德行没有恒定的榜样，以善为准则；善也没有固定的模式，在于行为与德行能够一致。之前挞懒愿意割地讲和，所以他赞成陛下拿回故土。现在情况变了，他就建议陛下出兵讨伐，他先去前线督战，陛下随后来劳军，像当年汉高祖马上治天下一样。如他说的不可行，就请罢免他。

这是他当权之后第一次说要以武力抗金，然后做出一系列军事部署，辞色激昂表现得和主战派一模一样。赵构认为秦桧措置得当，十分高兴，回头对身边的大臣王次翁说："谁说秦丞相一味求和？他今天的部署，完全符合朕的想法，那些书生之辈耸人听闻的言论，无非为了博得声誉，只会扰乱人意，怎么可以相信？"王次翁当时是中书舍人，他因秦桧引荐而得到提升，并被秦桧安置在赵构身边。

这个时候赵构又想起"不识大体"的韩世忠了,又给他手书一封:"金人复占据已割旧疆,卿素蕴忠义,想深愤激,凡对境事宜,可以结约招纳等事,可悉从便宜措置,若事体稍重,即具奏来。"(见《金石萃编》卷一百五十)一直对守边将领不放心的赵构这时不得不放权,边境战事包括招兵买马都不用汇报,可以自己做主。

唉,金人打脸打得快,而有些人,变脸变得更快。

好在宋国还有韩世忠、岳飞、刘锜这些大将,接连大败金兵。韩世忠手下大将王胜、王权、解元、刘宝、成闵也打出一场又一场胜仗。岳飞的军队也连连告捷。按当时的形势,收复河山确实指日可待。

金军应该没有想到,并没有被他们放在眼中的宋军在战场上竟连连得胜,尤其是顺昌、朱仙镇两战大捷,令宋军形势大好,一时军中将士都认为中原可复,"直捣黄龙府,与诸君痛饮"的那一天在岳飞看来真的不远了。但此时秦桧仍在背后秘密策划和议。

这个时候前方将士在奋力杀敌,而后方军需物资则出现严重匮乏,负责军队后勤的转运司门前,不断有人前来催讨钱粮,整天吵闹不止,甚至有被辱骂和打伤的。秦桧把情况向赵构反映,赵构听了默不作声。秦桧缓缓开口:"朱仙镇、顺昌两战,足以扬我大宋威名,现在物资匮乏,再战则难以持久,所以及时休兵,虽然不是上策,但比起等到战败再求和,不是更有利吗?这也是兵法所谓能战而后能和。而要谋和必须先班师以向对方表示诚信,要班师则要先统一大家的意见。"

于是,先是七位主战派大臣被放逐,然后朝议达成一致意见,即和谈。

接下来的事众所周知,岳飞被十二道金牌召回。两个月后起居舍人宋易传令韩世忠收兵,其他各路大将都退回驻地。大好的抗金形势被南宋当权者自己一脚刹车刹住。

经历了沉重失败的金国这个时候也知道一口吞不下偏安江南的宋国,于是两国重新坐下来谈判,《绍兴和议》这才签订。

南宋朝廷后来将这么重要的一个《绍兴和议》给弄丢了,原文佚失。但在《金史·宗弼传》中记录了这份和议的主要内容:

宋主遣端明殿学士何铸等进誓表,其表曰:"臣构言,今来画疆,合以淮水中流为界……既蒙恩造,许备藩方,世世子孙,谨守臣节。每年皇帝生辰并正旦,遣使称贺不绝。岁贡银、绢二十五万两、匹,自壬戌年为首,每春季差人般送至泗州交纳。有渝此盟,明神是殛,坠命亡氏,踣其国家。臣今既进誓表,伏望上国蚤降誓诏,庶使弊邑永有凭焉。"

二十三 两个字……不许

上述文字有几点是被宋史料刻意篡改或回避的:金史料中,南宋进的是"誓表",宋史料则称之为"誓书"。"表",专门用于下级向上级呈报工作,"臣构言……"是表的固定开头格式。金史料中是"岁贡",不是宋史料所说的"岁币"。南宋自称为"藩方","藩方"即非华夏正统。

注 《建炎以来系年要录》记录了韩世忠上书原文:此若果有实心。欲修和好。必须礼意相顺。阔略细故。各存大体。今使人所来行径。皆是难从之事。灼见奸谋。欲生衅端。臣虽闻欲还陛下关、陕诸路。诚见诡诈。且如实欲交割。若劫要山东、河北等路军民归业。岂可遣发。此声一出。人心摇动。复难安固。今虽国势稍弱。然兵民事力。尚可枝梧。况诸军将士。训习之久。睹此屈辱。少加激励。岂无斗心。若随从稍有失当。举国士大夫尽为陪臣。深虑人心离散。士气凋沮。日后临敌。如何贾勇。若四方传闻陛下以有拜顺之礼。其军民定须思乡。自然散去。散易聚难。悔将何及。今若待其重兵逼胁。束手听命。坐受屈辱。不若乘此事力。申严将士。为必战之计。以伐其谋。免贻后患。臣边远庸材。荷国厚恩。无以补报。今正当主辱臣死之时。臣愿效死节。激昂士卒。率先迎敌。期于必战。以决成败。臣若不克。事势难立。至是陛下委曲听从。事亦未晚。窃详金人欲要陛下如刘豫相待礼数。且刘豫系金人伪立。而陛下圣子神孙。应天顺人。继登大宝。岂可相同。显见故为无礼。全失去就。玷辱陛下。伏望特回圣念。

二十四

太后点名要见他

　　和议达成给南宋带来了之后七年短暂的安稳。和谈的重大成果之一，则是第二年即1142年，被掳金国的赵构生母韦太后南归回宋。

　　1142年，发生了这么一些大事小事：

　　岳飞被害，时间是1月27日。

　　宋臣何铸、曹勋将南宋"誓表"送达金廷。

　　金册封赵构为帝。金遣使臣刘筈以衮冕、圭宝、佩璲、玉册来致册命，册文曰："今遣光禄大夫、左宣徽使刘筈持节册命尔为帝，国号宋，世服臣职，永为屏翰。呜呼！钦哉，其恭听朕命！"

　　因和议成，秦桧被封为魏国公。

　　宋金在边境开通贸易市场，称榷场。

解元成为原韩世忠部队的主帅。

韩世忠建了一座翠微亭;韩世忠去了一趟临安;韩世忠在临安杨溪村安家……

对于赵构来说,这一年最大的事情是迎接母亲归来。和议达成,换来了赵构安稳的皇帝宝座,经过册封的皇帝是有法律保障的;同时,还换来了赵构的生母韦贤妃(被掳金国后赵构遥尊韦氏为宣和太后)的归来,并迎回生父宋徽宗和嫡母郑皇后、赵构原配邢氏(赵构称帝后遥封康王妃)的梓宫。

和谈这盘大棋下到这里,基本就进入收官阶段了。

这盘棋的第一步,是秦桧从金国回宋之后,首次向赵构入奏所起草的议和文书。这一年是1130年。赵构看了议和文书之后对身边辅臣说:"桧公忠过人,朕得之,喜而不寐。"不知道上面究竟写了什么内容,能让皇上初见秦桧就高兴得睡不着觉。

这中间曲曲折折,反反复复,忽上忽下,乍惊乍喜。内有主战主和的争斗,外有武力智力的较量,夹杂着公义与私利、忠心与权谋的博弈。操盘手秦桧历时十二年走出了一盘博弈方各得所需、对他自己而言是利益最大化的"和"棋。

赵构不遗余力要和谈有一个冠冕堂皇的理由:为了迎回母后。不久前,当得知金使已到常州,赵构在朝上神情凝重地对大臣说:"太后春秋已高,朕朝夕思念,盼着早日相见，所以不怕屈己，只希望能达成和议者，为的就是这个。"秦桧接过赵构的话："陛下不怕屈己，与外国谋求和好，体现的是为人之主的孝心。群臣见君主卑屈，因此怀愤愤之心，体现的是为人之臣的忠心。为君为臣的用心，在这件事情上得以两全了。"

真是巧舌如簧！有时候当官的艺术就是说话的艺术，当官的水平就是说话的水平，至少在南宋赵构当权的这段时间，会说话的打败了会打仗的，在战场上最会打的人最后都打不过朝廷上最会说的人。

现在好了，母后终于要回来了，这是当下的头等大事。

韦氏准备离开金国南归之时正值盛夏，护送其南归的金使完颜宗贤和高居安等则磨磨蹭蹭。韦氏怕生变故，向金人借了一笔钱，犒赏护送的一众人等。初秋，韦氏一行正式踏上归途。

有两个人，对韦氏要回宋国心里是五味杂陈的，但在绝望中似乎又透进了一丝丝希望。一个是乔贵妃，当初韦氏能得皇帝宠幸，全靠她引荐。韦氏出发前，乔贵妃将自己的五十两黄金倾囊送给负责护送韦氏的金国将军高居安，临走时她拉着韦氏的衣角说："姊姊到快活处，莫忘了此中的不快活。"韦氏回她："不敢忘今日。"

另一个是被俘到金国的北宋末代皇帝宋钦宗赵桓，他死死地抓住韦氏乘坐马车的车轮，放声大哭：只要让我回南方,能够给我一个太乙宫主就足够了,我对九哥(赵桓本是赵构的哥哥,此时称赵构"九哥"是自降身份)没有其他任何想法和要求。太乙宫主一般是安置犯错误官员的闲职,只有一份俸禄而已。韦氏无奈,只得发了个毒誓:我先回去,如果不想办法把你接回去,就让我的眼睛瞎了。

韦氏回到南宋后,只字未提他们两人的事。她晚年还真的患了眼疾,后在太医针灸治疗下保住了一只眼睛,另一只眼睛失明。

十四年后,宋钦宗赵桓的悲惨命运也走到了尽头,金人纵马将其踩死,时年五十七岁。又过了五年,赵桓的死讯才传到江南。赵构表面上悲伤不已,暗自却长吁一口气,对他皇位威胁最大的一个障碍被清除了。

为了迎接韦氏的归来,赵构早早地下令要做好各项准备工作。位于杭州东北的临平有座妙华庵,早就开始改、扩建,并改名为龙兴寺,这里就成了迎接韦氏并让其暂时歇脚的第一站。从皇城到临平的道路也专门重修了一次。

杭州城里也早早地开始严控,禁卫军给当时的临安府下令,居民不能登高观看;连着装都有要求,男子上街时不能穿短衫,不能敞开衣扣,女子则要穿裙子;六千二百多名官兵被布置在大街小巷,在全城进行流动检查。

组建了一支由两千四百八十三人组成的仪仗队,队员都是从御前军中按统一身高标准挑选出来的,并且早早地开始了列队走步以及各种花式动作的排练。宋国军队起先有比较严格的选兵标准，在1035年之前兵士的薪饷还因身高而有所不同。但后来战事频仍，1035年开始这一标准即被废弃，只要能上战场，捡到篮里的都是菜，募兵入伍已不再严格选择，军队分为三级也成往事，只保留了一些名目。因为入伍给安家费，所以新兵入伍不少都是为了讨口饭吃，包括难民、乞丐和罪犯。

不过，上战场的士兵可以不管其高矮胖瘦，但奉迎太后的仪仗队队员却不能不严选。于是久已不用的测量身高的工具重新用上，选出了统一身高标准的两千多人。

奉迎太后那天，赵构带领一支由上万人组成的队伍，从凤凰山下的皇宫出发，一路声势浩大地步行六十余里来到临平。

韩世忠也在奉迎队伍中。

上万人的奉迎队伍，加上举办这场仪式的会务组成员，以及从四面八方赶来想一睹皇帝真容的、做买卖的，数万人把当时小小的临平给挤爆了。

仪式分两部分举行，先是皇亲国戚、文武百官穿素衣丧服在纷飞的纸花和低回的哀乐中，跪接徽宗、郑后、邢氏灵柩。

而后大家改穿彩衣吉服，在一片彩旗招展与花团锦簇中喜迎韦氏回国。

韦太后与赵构母子俩一见面就抱头痛哭,待情绪平复互诉衷肠后,太后问道:韩大帅韩世忠在哪儿？北方金人都知道他的大名,我要见见他。

韩世忠被召至太后轿前,刚要跪拜就被她叫住了。见到高大威武依旧不失武将风采的韩世忠,韦太后的第一句话是:"我在北方的时候,天天盼着韩大帅你带着将士突然出现在我面前。"拉着他的手,看着他残缺不全的手指,韦太后也忍不住落下泪来。两人聊了许久,韩世忠才告退。

太后对韩世忠的这番特殊待遇,让一旁的秦桧心里有点郁闷——他这个和谈的主角没有享受太后召见倒也无所谓,关键是太后在大庭广众之下给予韩世忠特殊的礼遇,明摆着力挺他。

韦太后当然知道,她回来是宋金和谈的条件之一,但她同样也知道,若没有韩世忠他们,哪来的和谈？她召见韩世忠是有其用意的。

别看她这么多年屈辱地生活在金国,但皇帝母亲的身份让她更关心政治,也更懂得政治,她应该在头脑中无数遍幻想过、演绎过回到宋国的情形,当真正踏上了回归之路,她也在一路的忐忑中想好了该做什么不该做什么。特意召见韩世忠,就是她早就想好的,也是她特意要让大家都看到的。

但她没有问另外一个人——岳飞,岳飞也和韩世忠一

二十四 太后点名要见他

样,在金国享有威名,对于这个敏感问题她当然选择回避。

韦太后没问,有个人却不给赵构面子,或者就是想让赵构难堪,送韦太后回来的金使刘祹开口就问:"岳飞以何罪而死?"喜气洋洋的南宋官员全体目瞪口呆,半晌才有人含含糊糊地说:"手下告他谋反,所以被杀。"刘祹却冷笑一声:"江南忠臣善于用兵的,也就岳飞一个,岳家军纪律严明,天下皆知。刘邦曾说项羽就一个范增还不愿重用,所以被他所败。岳飞不就是南宋的范增吗?"赵构只能假装没听见。

此后很长一段时间,每个月韦太后都会给韩世忠奖赏。

韩世忠已经许久没有这么扬眉吐气过了。就在龙兴寺东南面不远处,有一片广袤的湖水,想当年平定苗、刘叛乱时,他就是在这里大败苗翊,再从这里带兵一路杀到杭州城里的。在隐忍很久以后,当年的意气风发今天又被唤醒了。

见证过这场奉迎盛典的龙兴寺,在1952年变成了临平中学,之后原来的建筑也被拆毁殆尽。

龙兴寺后来易地重建,寺门上悬"隆兴禅寺"匾额。

二十五

这个村和这个人

奉迎大典归来后不久,韩世忠就住到了杨溪村。

杨溪村改变了韩世忠,韩世忠也改变了杨溪村。

韩大人父子俩给村里人办了件实事:一年后村里的学堂办起来了。场地起先放在了村里的祠堂,祠堂空闲的时候就成了课堂。韩世忠专门请了一位教书先生给村里的孩子上课,韩彦直在的时候,有时也给孩子们讲课。

之前已说过,韩世忠一直看不起读书人。小时候读不起书,等年纪稍长,在村里混成了"泼韩五",觉得拳头显然比读书重要。十七岁那年,没有经过一天培训就上战场了,而到了战场上,不是想办法干掉别人就是要防着被别人干掉,更认为读书没有一点用,书能当枪使还是能当盾牌用?

不过，随着韩世忠兵力增强、地位升高，作为将帅，他也渐渐认识到，光凭蛮力和冲劲是远远不够的，大作战需要大智慧，知识的力量往往胜过兵马的力量，"大老粗"不再嘲笑读书人。

他辞去官职告老回家后，读书写字成了他日常生活中最重要的部分，家里人甚至连小女儿韩彦芳都是他的老师。"长于兵间"的他练出了一手好字，还能吟诗作对。现在村里的学堂开出来了，有时候韩世忠也坐在最后一排，和孩子们一起听课，有时候他也给孩子们讲故事，或者教他们一些简单的拳术。

一年到头在田间地头忙活的村里人，大多没什么文化，但他们都知道读书要紧，不识字就是睁眼瞎。杨溪村是个有上千户人家的大村，村里也有私塾，但大部分村里人的条件并不好，虽知道读书重要，但条件不允许，许多孩子读不起书。家里活多的时候，稍大一点的孩子都得当劳力用，男孩打柴种田收割，女孩洗衣做饭打猪草，忙忙碌碌中，很多人就错过了读书的年龄。现在韩世忠请了教书先生，孩子们可以免费上学，村里人都从心底里感激韩大人，不再催孩子干活，而是催他们去读书。

又过了一年，韩世忠在祠堂边上专门盖了一间屋子——孩子们上课的教室，这是村里第一所专门的学校。

村里有个叫王喜贵的孩子，这一年才十一岁，虽然个子矮小，但人挺机灵，上课时特别专心认真。但他总是落课，有时候一两天不来上课。韩世忠一打听才知道，他三岁时父亲就生病去世了，爷爷奶奶和叔叔伯伯都嫌弃他母亲，"克夫"的年轻女人常被称作"扫帚星"。母亲只能带着他和比他小两岁的妹妹住在一间破旧的小屋里，生活清苦。一个没有男人支撑的家，就没有劳力，这在靠力气吃饭的农村，不只是无法获取更多的生活来源，还总是被人欺负或低看。母亲因为劳累，身体也不好，王喜贵就早早地挑起了生活的重担，干起了他这个年龄本不该承受的农活。村里人重男轻女，男孩子总是得到更多的照顾，稍重一点的活比如挑担之类的一般都不会让男孩子干，按村里人的说法，重担压在肩上，孩子是长不高的。但王喜贵没有办法，担柴挑水的活是免不了要干的，他个头矮，不知道是不是跟过早挑担有关。所以当家里活多的时候，他只好不来上课。

韩世忠让韩彦芳给他们家送去了一些钱粮，交代王喜贵妈妈让儿子好好上学，王妈妈拉着韩彦芳的手，眼泪止不住扑簌落下。她撩起围裙擦了擦眼睛，拉过王喜贵就要让他跪下，但被韩彦芳一把拦住。

后来王喜贵改名为王恩铭。又过了几年，王恩铭参加解试（到明清时期称为乡试，一般安排在秋八月进行），考了第三名。

韩世忠重义轻财、乐善好施的性格是与生俱来的，在他

二十五　这个村和这个人

的一生中,受过他资助的人不在少数。

对于有才而家境贫困者,他更是乐于相助。在镇江时他资助过一个叫李晦叔的人。此人也是陕西人,颇有才华,欲赴京参加殿试,却苦于身无分文,听人说韩世忠乐于助人,就到他府第外守候,等见到韩世忠即上前拜见。韩世忠一听原因慷慨解囊,李晦叔也果然争气,金榜题名探花郎。从此,两人成了忘年交。

一次两人同游天竺山,韩世忠让李晦叔以天竺山为题填词。李晦叔即兴赋吟:"人说苏杭胜天堂,佛祖东来细端详,灵隐更比西天强。呈祥光,天竺异石从天降。 一石激起千重浪,游客观涛心向往,竹林深处闻酒香,回头望,王爷醉卧凉亭上!"韩世忠听了哈哈大笑:真不愧是探花郎。李晦叔见他带着一本《郭子仪传》,就说:也请王爷以《郭子仪传》为题填一首词,可否?韩世忠说:试试看!略一思索,张口说出:"古来英雄战沙场,出生入死奉君王,引出多少忠良将。干戈响,刀枪死伤两较量! 三皇五帝到夏商,秦汉三国与隋唐,死了无数好儿郎!依我讲,争权夺利空悲伤!"

韩世忠给杨溪村带来了不小的变化,除了办学、资助,他还派人给村里修路。过年过节也请过戏班子到村里唱戏,就像如今的文化下乡,村里人难得看戏,戏班子的到来让大人小孩都特别高兴。他为村里所做的事,加上他的身份,使得韩大人在村里威望极高,有些难以处理的事情,像兄弟分家、宅地纠纷这些一直最难调解和处理的,只要请韩世忠出面调解——村里人叫"做娘舅",结果总能让各方心服口服。

韩世忠还给杨溪村民带来一道美食——定胜糕。后来这道点心在整个杭州地区成了名糕点。韩世忠喜欢这道点心,还有一个特别的原因:

黄天荡大战开战前,韩世忠以八千多人马对完颜宗弼的十万大军,他也知道不能正面硬碰硬。为此韩世忠一直在苦思冥想,但一时也苦于没有良计。一天深夜,夫人梁红玉端来一盘糕点,告诉他苏州百姓送来了几箩甜糕,慰劳士兵,他们说这一盘糕点一定要请你品尝,这是他们的一点心意。

韩世忠接过来一看,这糕点两头大,中间细,像银锭。他取过一块,掰开,发现糕点里有张纸条,上面写着四句话:"敌营像定榫,头大细腰身。当中一斩断,两头勿成形。"夫妻俩一琢磨,原来这是破敌妙计,看来高手在民间啊。后来韩世忠依计而行,从中间把金兵齐腰斩断,让他们首尾不能相顾,阵脚大乱,然后乘机追杀,将金兵逼进了黄天荡。

这一仗大获全胜,百姓送的糕点立了大功。因为"定榫"和"定胜"谐音,韩世忠就称其为"定胜糕"。定胜糕因名字吉利,后来就成了江浙一带喜庆日和节日赠送亲友的礼物,这个习俗一直流传到现在。

二十五 这个村和这个人

定胜糕在黄天荡大战中立过如此大功多半是个传说，其实真实与否并不重要，重要的是高手与智慧在民间，心之所向与情之所往也是历史的一股推力。

二十六

在乡下过了个年

　　韩世忠住到临安乡下后第二个年是在杨溪村过的。在乡下过年韩彦芳最开心，后来他们和村里人熟了，年前就忙着今天在这家明天到那家地准备各种各样好吃的东西。那份忙碌和高兴也让韩世忠父女之间有了更多的亲近感。

　　乡下过年，有不一样的讲究和风俗，也有不一样的热闹和自在。村里人不富裕，过个年看起来隆重、热闹，其实相当简朴、清贫。

　　进入腊月，村里人就慢慢地开始为过年忙碌起来，而忙碌的重点就是为吃做各种准备。家家户户都会打麻糍、做冻米糖、包粽子以及磨豆腐。磨豆腐是这几样活中最有娱乐功能的，韩彦芳也会去试一试，但看着有趣的推磨，韩彦芳只能跌跌撞撞勉强推两圈。豆腐做出来后，有一部分就做成豆腐干,先煮,再烘,然后上色,再煮,再烘,这样做出来的豆腐干容易保存,味道也好。腊肉炒豆腐干是韩彦芳和父亲都喜欢的一道菜。豆腐干的这种做法一直流传至今,现在昌西豆腐干还是临安当地的特产。

杀年猪就比较隆重和复杂,也不是每家都杀得起的,一户人家留下整头猪的只是极少数,大部分人家杀完一头猪,隔壁邻居会过来买走一部分,各自按需求和能力备过年的肉食。在物资匮乏的年头,对老百姓来说,"以食为天"四个字真的就概括了他们劳碌的终极目标。

所有这些忙碌的高潮是一顿年夜饭。过年有很多规矩和仪式,吃年夜饭前的一道程序是放鞭炮,鞭炮也就两种:一种是一长串的小鞭炮,点燃后噼里啪啦一阵响,村里人叫"百子";另一种是大的鞭炮,点燃后飞向空中然后"砰啪"一声炸开,叫"二踢脚"。放鞭炮传说是为了吓走一种叫年的怪物,村里人并不知道有这种传说,放鞭炮更是为了向别人宣告自家开始吃年夜饭了。放完鞭炮,关上屋门,年夜饭就正式开吃了,村里人也不知道这种规矩的由来,只是按一代代传下来的做法,年夜饭是要关起门来吃的。正月初一大家理所当然是不干活的,如果这一天干活,那就一年到头都要忙碌了,所以这一天吃的也都是年前准备好的。其实正月里好长一段时间,吃的东西大多都是年前准备好的,比如说包好的粽子,就挂在屋子的横梁下或者窗户边架着的竹竿上,这就成了正月里早餐的主食。

除了吃就是穿,所以年前是裁缝最忙的时候。吃完年夜饭,忙完了最后的收拾洗刷,就开始换新衣服了。但也不是人人都做得起新衣服的,小孩儿的新衣做父母的总会想办法置办好,大人却不一定了,实在做不起的,就找出一件最好的来洗洗干净,在正月里头穿。穿上新衣,大家就从正月初二开始走亲访友拜年,拜年是要在元宵节前完成的。

过完元宵节大家再见面,就会说一句:又一个年过完了。有点意犹未尽,又有点如释重负。

这是临安的一个小山村,坚持了一代又一代的过年方式;而在被改名为临安府的杭州城里,过年则是另一番景象。

城里人过年,内容和形式要丰富得多。年前一段时间是做买卖的高峰时期,京城里物资的丰富程度是乡下不能比的,居民忙着选购年货,在不同的商户那里比较货品以及讨价还价。商家则卖力地推销,以至于开始慢慢地把店里的货品搬到了店门口的街面上,占道经营使得几条主要街道更为拥挤热闹,店主此起彼伏的吆喝声和张贴于店内店外的各种优惠招贴,把过年的气氛一点点地推向高潮。随着年的到来,市场迎来了一年中的销售旺季,当然,最热销的商品就是年货,像烟花爆竹、年历、各种吉祥物、年画等;有一种叫"泽州饧"的饴糖是当时最流行的过年必备食品;

大卖的还有撒佛花、韭黄、生菜、兰芽等冬季时蔬;还有走街串巷的小贩拉长声调的叫卖声,不但方便了人们购物,也增添了一份热闹和年味。

　　进入腊月的第一个节日是初八的"腊八节",也叫"腊日"。这一天,寺院要选用胡桃、松子、乳蕈、柿、栗等煮成"腊八粥",赠送给施主之家。寻常人家也会做"腊八粥",这也就是当天的早餐。药店则将中药材装入小布囊,制成"腊药",在店门口馈赠行人。腊月廿四,是当时历法上的"交年",家家户户不论贫富,都要准备"蔬食饧豆"祭灶,夜间"备酒果送神",所以这一天的白天街市上人声鼎沸,叫卖五色米食、花果、胶牙饧、萁豆等祭灶用品的声音此起彼伏。

　　腊月的最后一天,当时不叫除夕而叫"除夜"。这一天,家家户户忙着"团年"。烟花爆竹则将除夕之夜的气氛一步步推向高潮。从下午开始,就有零星的爆竹声不时响起。等夜色降临,鞭炮声响成一片,烟花渐次升起,整个城市灯烛烟花红映霄汉,爆竹之声喧阗彻夜。

　　除夕之夜,宫墙之内燃放的爆竹无论在数量、品种还是档次上,自然都要豪华气派得多。皇室使用的炮仗不但响亮,造型也非常华丽,有人物、水果造型的,甚至还有屏风样式的,点燃后可连响百余声,"禁中爆竹山呼,声闻于外"。

　　正月初一,城里也有乡下没有的热闹,杨溪村村民恪守着不知从什么时候传下来的正月初一不串门的规矩,杭州城里却没有类似的新年享乐禁忌。天气好的时候,大家打扮一新涌向街头,勤快的商家初一照样开门营业,街头的杂耍表演吸引着一堆堆人观看。除了逛街,还可以看戏或者游湖,登上宝石山可以看到西湖里游船点点。平时明令禁止的赌博在新年的前三天都放开了。即使到了夜晚,街头也是张灯结彩热闹非凡。

宫中为过年所做的准备,其铺张与豪华当然不是一般的城里居民更不是乡下村民所能想象的。宫中的珍馐美馔、绫罗绸缎、繁文缛节和乡下的土产年货、粗布新衣、传统规矩相比,可谓天差地别,这种差别是乡野村民靠想象力无法填补的。这一年是韦太后从金国回到宋国后过的第一个年,尤其多了一份喜气和隆重。这份隆重的表现之一就是,朝廷举办了一场烟花大会,年三十的晚上,从皇宫门外一直到钱塘江边,足足燃放了半个时辰的烟花,体现出普天同庆的喜气。燃放烟花倒是一项惠及百姓的工程,远远近近赶来的人们欣赏了一场让他们兴奋了好久的、以前过年不曾有过的新节目。

新年第一天的宫中不同于街头的欢快,而是另一派庄严的气氛,朝廷要举行盛大、隆重的大朝会。这一年的大朝会比之往年又特别不一般。天还没亮,朝中大臣已进入宫中大庆殿。皇帝一大早起身上朝,先虔诚上香,为天下百姓祈求新年风调雨顺五谷丰登。随后,皇帝给太后拜年,今年的不一般就在于此——这是赵构登基以来韦太后在宋国过的第一个年,往年缺失的这个环节这一年给补上了,所以无论是赵构还是韦太后都特别郑重其事,虽然过程有点僵硬,但都不足以影响他们的大好心情。然后是文武百官向皇帝拜年:"元正令节,不胜大庆,谨上千万岁寿。"皇帝回答大臣:"履新之吉,与公等同之。"当然,在完成各种仪式,说完该说的套话之后,宫中也有一场宴席,宴席之后才算散朝。

过完正月,韩世忠回到杭州,上书请求停止发放他的薪资,另外将作为随身侍从的背嵬军三十人、其他官兵七十人共一百人归还朝廷。

当初韩世忠被免去枢密使告老回家之后,"朝廷以世忠有功,特加异礼"。这个异礼包括薪酬待遇与在职时一样,留下原来的部下五百人供他使用,其中三十人为背嵬军的士兵。

自己现在没有做丝毫贡献,却享受这样优厚的待遇,韩世忠觉得"心有不安,故有是请"。他在奏请中是这么说的:"两国讲和,北使朝正恭顺,此乃陛下沈机独断,庙堂谋谟之力。臣无毫发少裨中兴大计……"

韩世忠对陛下的称颂,换来赵构不吝褒奖的回复:"惟东汉建武之世,优礼功臣,全其封禄,用能使之咸以功名延褒于后,朕甚嘉之。故推异数,以答旧勋,期无愧于古焉。卿早列将坛,输忠王室,陷坚却敌,茂著隽功,顷均逸于殊庭,既备膺于褒典,置兵卫以加宠,厚禄秩以隆恩。并示优崇,于礼为称……虽嘉知足之风,岂朕念功之意。"所以最后,赵构只将背嵬军三十人收归朝廷,其余都未准允。

给韩世忠的待遇确实不错,原来的部下作为侍从留下的还有四百余人。这也是要表明,皇上是不吝啬优礼功臣的,这是要让大家都看到的。

二十六 在乡下过了个年

二十七

铜脸和铁脸

为什么独独收回背嵬军的三十人？

这背嵬军的将士,是韩世忠的亲信,个个英勇善战,当初允许留给韩世忠三十人,皇帝不是很放心。秦桧后来专门派人去查证,怕他多留下一些背嵬军的人,经过核实,韩世忠没有多留一个。现在既然他有这个请求,那么这三十个人收归朝廷也好,国家需要会打仗的人,让善战之人作为随身侍从未免太可惜了。

有必要解释一下背嵬军,世人对其有不同的说法。

说法一:背嵬军就是背着酒瓶的亲兵。因为当时在宋国的北方,大将的酒瓶都是由亲信的士兵来背着的,所以背嵬军就是将帅最亲信的一支队伍。

说法二:"背嵬"是西夏党项语的音译,西夏语中"蛇"的发音近似汉语"背","龙"与"鹰"的发音都近似汉语"嵬"，"背嵬"就是西夏语"蛇龙"或"蛇鹰"的意思。西夏人用"背嵬(蛇龙或蛇鹰)"来称呼一支部队,就类似叫其"飞虎队"一样,是为了表明该部队的凶狠骁勇,也即表示这是军中精锐。这一词后来就被南宋的军队音译成"背嵬"借用过来了。

说法三:背嵬军就是背着盾牌的精锐士兵。

说法四:背嵬军就是"大将帐前骁勇人也"。这只解释了这支队伍的特性,并未对"背嵬"两字的含义做出明确说明。

史料记载,南宋时期背嵬军就有六七家之多,韩世忠在绍兴二年(1132)设立的背嵬军则是最早的一支。这支军队的成员都经过了层层选拔,不仅身材高大,而且骁勇善战,堪称古代的特种兵,用来对付最强大的敌人。后来岳飞也组建了背嵬军。《建炎以来系年要录》对此有记载,绍兴二年,"世忠还建康,乃置背嵬亲随军,皆骜勇绝伦者"。赵构曾亲自阅兵,称赞此军"极骁健"。

南宋有名的笔记集《云麓漫钞》记载:"韩、岳兵尤精,常时于军中角其勇健者……别置亲随军,谓之背嵬……一入背嵬,诸军统制而下,与之亢礼,犒赏异常,勇健无比,凡有坚敌,遣背嵬军,无有不破者。"

成闵作战勇猛,跟着韩世忠参加了苗刘讨伐战、黄天荡阻击战、范汝为讨伐战。韩世忠向来爱才，勇猛之人对同样勇猛的人也特别欣赏，一次韩世忠带成闵入朝觐见赵构，在皇帝面前韩世忠对成闵不吝赞赏，指着成闵对皇帝说："臣当年在南京，自以为天下当先，如果当时就见到这个人，那我也要避他一头。"成闵因此得以升官。

韩世忠有了创建背嵬军的想法后，首先就找到了成闵，两人一拍即合。

其实在战场上，韩世忠多次运用过一种克敌制胜的办法，就是挑选一批敢勇兵，集中力量奋力一击打败对手。韩世忠还只是一个军中小官时，一日城被围，守将无计。韩世忠招募敢死队员，得二百人。韩世忠选择其中八十人，令每人持一斧，潜入敌营偷袭，成功退敌。

但以前都是临时抽调人马，现在韩世忠想专门组成这样一支特种兵，由成闵领军。成闵一听，大喝一声：好！

两人商定如何组队、如何训练以及给予的待遇奖励后，成闵就开始选人。

先在内部公开招聘，愿意来的都可报名。然后在社会上公开招募，要求比一般的招兵高，当然待遇也比一般的士兵好，吸引了一批平时在社会上蛮勇好斗之人。

报名结束就是体能测试，通过测试的再展示自己的技能，最后是互相之间摔跤比赛。

韩世忠和梁红玉现场观看了整个选拔过程，最后圈定第一批背嵬军五百多人。

背嵬军后来屡建战功,队伍壮大的时候有上千人。其他将领见而效仿。对此,《晦庵集》中记载为:"中兴之初,诸将领兵者皆别选精锐数百人,自为一卒,优其廪犒,以故骁勇竞劝,所向有功。"

《绍兴和议》达成之后,老"三帅"被收缴兵权,成闵等中层将领受到重用。等到金国第四任皇帝完颜亮南侵的时候,成闵已成为军中统帅。

韩世忠躺在病床上说,自己一生大战数十小战数百,在数十场大战中,尤以银州之战、黄天荡之战和大仪镇之战战功最为卓著。银州之战中,韩世忠初出茅庐,表现出来的只是一个战士的一己之勇;而黄天荡之战与大仪镇之战中,韩世忠作为将帅指挥战争,更多展现了有勇有谋、用兵有方的将才。后两场大战中,在兵力悬殊的情况下韩世忠的军队能以少胜多,背嵬军在其中功不可没。

黄天荡之战结束四年后,即1134年,岳飞的部队第一次北伐,从刘豫的伪齐政权手中收复了襄樊(时襄阳)等六个州,大有恢复中原之势,这在金国和伪齐统治者中引起不小的震动。

刘豫派人到金国求援,请求金国派兵南下攻打南宋。金国朝中讨论这事的时候,三太子完颜宗辅等人认为可以打,而差点命丧江南的四太子完颜宗弼则认为不可以打,因

二十七 铜脸和铁脸

为"江南卑湿,今士马困惫,粮储未丰足,恐无成功"。不过最终,朝中的主战派赢了,金国联合伪齐派了一支近十万但对外号称五十万的军队,在这一年的秋天向南进发。

又是秋天。前两轮金人的进攻都从秋天开始。"多事之秋"这个成语,就是因古代多在秋天兴兵而来的。在秋天发动军事行动也是为了不违农时不伤民力,所以多事之秋并不是季节变化本身带来多事。其实我国在北半球,秋天恰恰是一年中最舒服的季节,并不会比别的季节更"多事"。

古人常说:"兵马未动,粮草先行。"秋季收割过后粮草丰富,动兵马就有了条件,再说了,打到人家地盘上也有东西可以抢夺。对于金人来说,选择秋季出兵有两个原因:一个原因是战马在秋天比较强壮并容易得到草料;另一个原因是秋天的气候更适合出兵,春天雨多,夏天闷热,冬天太冷,而秋天天气干爽,温度适宜,没有任何时候比此时远征更合适。唐宋历史上经常会提到一个词语"防秋",就是指到了秋天要防范北方游牧民族的攻击。

不知道本是同根生的金国三太子和四太子之间是不是有什么嫌隙,金国皇帝同意出兵后,完颜宗辅又建议让完颜宗弼当统帅带兵南下,理由是完颜宗弼渡过长江,了解地理情况,知道哪里险易。估计当时完颜宗弼听到这个提议,满脑子都是掐死三哥的念头。皇帝也觉得有理,就同意了。

金军统帅完颜宗弼和金将聂儿字董率领金军,联合伪齐刘豫的军队,声势浩大地开赴江南,这次的目的就是"趋淮甸,渡长江,直捣吴会",一举灭掉南宋政权。

南宋朝廷此时一片惊慌,或"劝上他幸,议散百司",准备将政府机构都解散了。朱胜非就劝赵构像上次那样弃城逃跑。但宰相赵鼎等坚持要打,"战而不捷,去未晚也"。打不赢再跑也来得及啊。赵构这才决定自己和武官留在杭州,并且声言要御驾亲征。

赵构对御驾亲征这件事还是有点心虚的,所以犹犹豫豫、慢慢吞吞。

宰相赵鼎怕赵构反悔,又特地上朝对赵构说:听说皇上要御驾亲征,全军上下欢欣鼓舞,纷纷表示要拼命杀敌。如果皇上这时候稍有懈怠,那将极大挫伤士气。想当年没有守住长江,导致皇上一路颠沛流离,而后又在海上遭遇风浪颠簸。皇上亲征一定会马到成功。赵鼎说得言恳意切,赵构听得泪眼汪汪,不知赵构是被感动了还是被勾起了伤心往事。

赵构一边在做打仗的准备,一边又派使臣魏良臣向金人求和。同时又提出让韩世忠的部队从镇江转移到扬州,"以候迎朕"。赵鼎认为不合适,因为镇江是金兵的必经之地,但赵构不听,并且手写诏书一封派人疾驰送去。

韩世忠在镇江收到赵构的亲笔诏书,非常感动:"主忧如此,臣子何以生为?"但韩世忠也知道,如果大军进驻扬州,长江必为金兵所得,那江南之地就失去了防御,于是召集部下商议怎么办。正犹豫不决,忽报朝廷派魏良臣出使金国,将经过镇江。韩世忠听到这个消息,用手一拍脑门:"此天赐吾机会也。"于是命令部下撤掉所有烧火做饭的炊具。

魏良臣到了之后,韩世忠只给他提供了一点干粮,并对他说:"近来与金兵交战,积蓄已空,没有什么东西可以作为礼物相送。而且眼下皇上又急令我们移师扬州,还请使臣多多宽容。"魏良臣面露不悦,急匆匆告别而去。

这时又有人来报,说赵鼎的奏请得到皇帝的恩准,让他们暂停去扬州,防守长江扼住金兵来路。赵构本想自己到扬州有韩世忠在身边可以安心一点,大概后来也想明白了,还是挡住金兵不让过江更要紧。

韩世忠估计魏良臣已经离开边境,于是让手下大将解元防守高邮,抵御金人步兵,而自己则率领骑兵驻守大仪镇(今扬州西北一带),抵挡金人的骑兵。韩世忠让人砍伐树木做成栅栏,自断后路,"吾平昔恨无死所,以拔桥断路示无生还之望"。

魏良臣到了金营,聂儿孛堇向他打听宋军的情况,魏良臣把自己看到的一五一十地说了:"近日经过镇江,见韩世忠军中粮食匮乏,将士士气也低落,朝廷又命他们移师扬州,我来的时候他们正准备起行。"聂儿孛堇听到这一情况大喜,即派副将挞孛也带着骑兵长驱直入。

韩世忠的军队开到大仪,排列成五个军阵,并在二十多个险要的地方埋伏了士兵,约定以鼓声为信号出击。当挞孛也率领的骑兵经过宋军阵营的东面,韩世忠传令击鼓,埋伏的士兵蜂拥而出。挞孛也情知中计,急引众骑退回,又遇另外两路伏兵夹攻,金兵大败,首尾不能相顾。聂儿孛堇带大部队杀回原路,被韩世忠骑兵截住,金兵慌乱,陷于泥泽之中,身穿笨重盔甲的金兵根本没有办法抵抗,被韩世忠的骑兵践踏,死伤无数。聂儿孛堇拼死杀出,正遇挞孛也,急忙择路而逃,又遇到早在那里守候着的背嵬军。背嵬军持长斧利刃出击,上砍人胸,下砍马足。挞孛也坠落马下被活捉。聂儿孛堇杀出重围,走到高邮地界,又遭到解元水陆两路伏军夹击,金兵被杀死于河中者无数。聂儿孛堇最后只剩五千骑兵,连夜疾驰向北逃去。这一仗共杀死金兵六七万人,俘虏二百余人。

闻捷大喜的赵构说了一句:"世忠之勇,朕知其必能成功。"这一仗被认为是"中兴武功第一"。

明代冯梦龙所著的《智囊》,是一部汇集智谋锦囊的奇书,收录上起先秦下迄明代、运用智慧和谋略立身处世的智囊故事一千二百余则。韩世忠的这次大仪镇之战就被收录其中[注],可见冯梦龙认为这一仗取胜,高超的智谋运用起到至关重要的作用。

二十七

铜脸和铁脸

一支敢打硬仗能打胜仗的军队，必定少不了一个有勇有谋的将才，治军领军也必定有其独到之处。

南宋初期，吴玠等大将去世后，剩下来的主要就是韩世忠、岳飞、张俊率领的三支队伍。而三支队伍中，真正有战斗力的就是韩家军和岳家军，张家军则被人称为"花腿军"。

将帅身先士卒，士兵在战场上自然拼死相战。

赵构刚刚称帝时，派韩世忠去守南京城外的西土台，面对多自己几十倍的金兵，韩世忠单骑突入金兵阵营杀死金军主帅；之前说到在平定苗、刘叛乱中，韩世忠又是冲在前头，大败在临平防御的苗翊，而在追捕苗傅、刘正彦的路上，遇到险要关隘，骑马不能通过，韩世忠下马跑步追赶，徒手将刘正彦、苗翊逮住；黄天荡之战中，妻子梁红玉在上面擂鼓，韩世忠自己在战舰上指挥；大仪镇之战中，韩世忠不但自断后路，而且在前头挥鞭指挥部队作战，"视吾鞭所向"；攻打伪齐刘豫的老巢时，守城的士兵一听说"锦袍毡笠骢马立阵前者，韩相公也"，早就无心恋战很快败逃。韩世忠一生征战冲锋陷阵，以下这句话就是他最好的写照："十指仅全四，不能动，刀痕箭瘢如刻画。"

岳飞与韩世忠一样出身士兵，在战场上也是一马当先。一次在堰城大战中，岳飞正在高处视察阵地，发现完颜宗弼的援军正朝自己的部队开过来，二话不说，带着自己的四十名随从杀入战场,岳家军士气高涨,很快击溃了金军。曾有人问岳飞:"天下何时太平?"岳飞答:"文臣不爱钱,武臣不惜死,天下太平矣!"

反观张俊,起初他也是战场上的一员猛将,但等到他位高权重后,不但大肆敛财,而且打仗时躲在后方。随赵构逃到宁波后,他只是在金军的小部队刚到时,在城墙上与宁波守将一起指挥了一次作战,而后不等金兵到来,即以护卫皇帝之名弃城逃跑。柘皋之战中,他更是躲在后方,只派手下部分将士上场。

毫无疑问,严明的纪律是一支军队的战斗力的制度保障。

韩世忠治军,"严而有恩,纪律修明"。有记载:"世忠每出兵,必诫以秋毫无犯。军之所过,耕夫皆荷锄以观。"对待在战场上退缩的将士,韩世忠还有独特的一招,就是在战后的宴席上,让这些人穿上女装上台表演。对这些人来说,这比打他们一顿还难受,由此韩家军上战场无人畏惧和退缩。

岳家军也一样,纪律严明在当时是出了名的,"冻死不拆屋,饿死不掳掠"是他们闻名天下的军纪。有一个士兵曾经拿了老百姓的麻布捆扎草料,结果立即被斩首示众。

赵构曾对这两支纪律严明的军队专门下诏嘉奖,《建炎以来系年要录》对此有记载:"诏韩世忠纪律严明,岳飞治军有法,并令学士院降诏奖谕。时世忠移屯淮甸,军行整肃,秋毫无犯。飞移军潭州,所过不扰,乡民私遗士卒酒食,即时偿直。上闻之,故有是诏。"

而张俊的张家军则被人称为"花腿军"。张俊闲来无事,从士兵中挑选高大帅气的,在他们身上刺上锦绣花纹,从手臂直到足踝全身刺满,然后令他们穿短装出游,招摇过市,张家军因此在外有了"花腿军"的名声。张家军还被人称为"自在军",就是说张俊的军队自由自在,经常抢劫掠夺老百姓,张俊却不管。赵构也听说了张俊军中的这些事,提醒过他注意影响。

三人都被列为"中兴四将",但韩世忠和岳飞带出来的两支军队能打敢打战斗力爆表,而张俊的这支队伍却在后方玩"花拳绣腿",如此一比高下立判。

当时还有"铜脸""铁脸"的戏说。韩世忠的部队有一次从镇江回朝,队伍整整齐齐,士兵全副武装,脸上还带着铜

宋代刘松年所绘《中兴四将图》,左二岳飞,左四张俊,
左五韩世忠,左七刘光世

面具,既威武又神秘,张家军中的士兵于是开玩笑说:"韩太尉铜脸,张太尉铁脸。"所谓"铁脸"为当时俗语,形容不要脸的人脸皮比铁还厚还硬。

除了背嵬军,韩世忠麾下还有一支特种部队叫"一把云",负责侦察敌情通报消息,相当于现在的侦察兵,他们个个都擅跑且耐力极强,跑起来可以赶上马的速度。一次韩世忠进军河南淮阳,当大军到了淮阳城下的时候,韩世忠命令部将呼延通压阵,自己则骑着马,让"一把云"的将士手执信字旗跟着自己去前方察看,这些没有骑马的士兵仅靠两条腿却能跟上韩世忠的快马。

注 冯梦龙《智囊》中《韩世忠》全文:

世忠驻镇江,金人与刘豫合兵分道入侵。帝手札命世忠饬守备,图进取,辞旨恳切。世忠遂自镇江渡师,俾统制解元守高邮,候金步卒;亲提骑兵驻大仪,当敌骑。伐木为栅,自断归路。会遣魏良臣使金,世忠撤炊爨,绐良臣:"有诏移屯守江。"良臣疾驰去,世忠度良臣已出境,而上马令军中曰:"视吾鞭所向。"于是引军至大仪,勒五阵,设伏二十余所,约闻鼓即起击。良臣至金军,金人问王师动息,具以所见对。聂儿字董闻世忠退,喜甚。引兵至江口,距大仪五里,别将挞孛也引千骑过五阵东，世忠传小麾，鸣鼓，伏兵四起，旗色与金人旗杂出。金军乱，我军迭进，背嵬军各持长斧，上揕人胸，下斫马足。敌披重甲，陷泥淖，世忠麾劲骑四面蹂躏，人马俱毙，遂擒挞孛也等。

二十八

去世前办了三件事

又是一年秋天。

一天午后老郎给杨溪村人带来了一个消息:韩大人过世了。

整个杨溪村一下子失去了人声的喧闹,村里人派老郎和老陈去杭州韩世忠的府第吊唁。

早几个月,韩世忠因为病重,即回杭州家中医治。病重的韩世忠上表要求免去自己的一切职务。

一代功臣病卧床上,于是赵构派了御医为他治疗。

辞官回家之后,韩世忠几乎不与原来的部下接触,但他病重的消息传出,旧时部下纷纷登门探望。

韩世忠自知将不久于人世,但见来看望他的人面露凝重之色,也有人悄悄落泪,他反倒劝慰起别人:我从一介布衣,身经百战而至王公,如今得以保全身首,躺在家中安心而去,我这一生已经很幸运了,大家还有什么好悲哀的呢?

一天韩世忠已经昏迷不醒,御医王继先赶来,诊断后摇了摇头,"重病难为",让家人准备后事。

傍晚,韩世忠却又醒了过来。

醒来后,韩世忠吩咐家人办三件事:

其一,建一个祭坛,因为他这些年在战场上杀人颇多,但这是为王而战,怪不得谁,其中不免有无辜被杀的,建祭坛是为了超度他们,解除冤结。

其二,他的侍妾不少,凡有父母的由父母领回,没有父母的让她们再嫁。

其三,清理债务,外面欠韩家的债不少,为了防止子孙以后去追讨扰乱人家的生活,他让人把所有的债券烧了。

三件事吩咐完毕,他安稳地睡了一觉。第二天他特地将韩彦直一人叫到床前,吩咐了另一件事:他死后将他安葬在杨溪村,安葬的地方就选在离清凉居不远的后山,那里有一段山的余脉。这段余脉恰如大山伸出的一只手,轻轻地抚触着杨溪村的这片土地。

韩彦直没有耽搁,独自赶到村里找老陈、老郎等几个村民商量这事。箍桶匠老陈牵头找了十多个人,迅速开工,按着韩彦直的交代,他们沿着山脉的走向挖了长长的一条墓道,墓道一人多高,用砖砌好,墓道的尽头才是一个更高更宽敞的墓室。

一个月不到三件事全部办妥,韩世忠安然去世,享年六十三岁。

讣闻传来,朝廷下令停朝一日,赐三千两钱币、四千匹丝帛用于丧葬开支,并赐朝服、貂冠、水银、龙脑用于入殓。

赵构本打算亲自去祭奠韩世忠,已下诏择日临奠,但秦桧派中书吏韩珹带话威吓韩世忠家人,要他们必须推掉皇帝的临奠。

韩世忠临终时也交代过,不要因自己的事劳烦皇上。一方面是因为受到威吓,另一方面也是为了遵从韩世忠遗愿,韩世忠家人就一再以"不敢屈勤君父"为由婉拒,最终赵构也就不再坚持要临奠了。

为了防止日后遭人报复,韩家人共打了七口一模一样的棺材,韩世忠真身究竟安放于其中哪一口外人无从得知,只有家中几个最亲近的人才知道。韩彦芳在哭拜的时候,趁人不注意在安放了父亲真身的棺材下沿咬了一口,留下了浅浅的牙印。

几天后,韩彦芳跟随送葬队伍,抬着这口有自己牙印的棺材,来到临安杨溪村,看着它被抬进墓道直至封好墓碑。随之下葬的还有韩世忠征战沙场所用的一把一百四五十斤重的大刀和一把朴刀。

那天杨溪村的男女老少都早早等在村口,来送韩大人最后一程。送葬队伍沿着村子绕了一圈,并在他生前的住处停留了半个时辰,让韩大人再回家看看。

因山脚下有韩世忠墓,这座山从此得名韩坟山。

二十九

英雄身后的万字碑

后世普遍评价，宋孝宗赵昚是南宋第一明君、最有作为的皇帝，"卓然为南渡诸帝之称首"。他在位期间，政治相对清明，百姓生活安康，史称"乾淳之治"。

赵昚是赵构的养子，是宋太祖赵匡胤的七世孙，原名赵伯琮。1162年被立为皇太子，改名赵昚。

赵构不是有个儿子吗？就是在苗、刘兵变期间曾被立为小皇帝的赵旉。

说来那次兵变还有一个凄惨的结局：在位仅二十六天的小皇帝赵旉，在三个月后死掉了。

赵构复辟以后，立赵旉为皇太子，赵构随后带着赵旉到了南京。可能是因为在苗、刘兵变期间受了不少折腾，赵旉一直生病。

一天,一位宫女在他的房间里不小心踢到了金炉,金炉落地发出的声音让赵旉受到惊吓,从而抽搐不止,病情立刻转危。赵构大怒,下令马上把宫女在走廊处死。但是杀死宫女并不能救人,很快太子就过世了。太子死后,赵构很悲痛,五天没有上朝,赐赵旉谥号为"元懿太子"。

都说人在死亡面前是公平的,太子和宫女都是一死,但死亡的方式不一定公平,死后的待遇也不一定公平。

赵构还有五个女儿,都被金人掳到北方,有三个在路上夭亡,只有两个较大的女儿在北国的苦难中长大成人。

赵构称帝时才二十岁,后宫佳丽那么多,为什么就没人再给他生下一子半女?南宋定都杭州之前,扬州曾做过南宋一年时间的行都,有一天,赵构正在后宫寻欢作乐,忽然有人来报金兵打过来了,本来在温柔乡中好不快活的赵构受到惊吓,赶紧逃命,但从此落下了性功能障碍,再也不能生育。

此说是否真实已无关紧要,但作为皇帝,不能生育的原因毫无疑问在于赵构自身。

因为是关乎皇位继承的大事,生不了儿子的赵构必须从宗室中过继一个儿子。

有关国家接班人的问题,对古代皇室来说是个绝对敏感也绝对危险的话题,话有不慎是要招灾惹祸甚至性命难保的。

岳飞后来被害,和他在选立太子这件事情上过于积极不无关系。金人想在开封扶持宋钦宗的儿子做傀儡皇帝,岳飞就急忙建议赵构立太子,甚至有逼迫赵构干这件事的意思。

但有一个人却因此事升官了,在这之前他上了一道奏章提议赵构过继儿子。这个人就是上虞县县丞娄寅亮,他趁赵构在绍兴停留之际,上书建议在宋太祖赵匡胤一脉中选择过继对象。赵构也正有此想法,娄寅亮刚好把话说到皇帝的心坎上了,因此他险中求胜升了官。

既定从太祖一脉中选人,于是在符合条件的人中开始初选,最后有两个人选进入PK阶段:一个叫赵伯玖,稍胖;一个叫赵伯琮,稍瘦。

有一种说法是,在这两个孩子中,赵构一眼看中的是稍胖一点的赵伯玖,胖有福相,有皇帝派头。赵伯琮就这样在决赛阶段被淘汰,皇帝奖赏了他二百两银子。事情本来就此尘埃落定了,但就在这个时候,不知从哪里跑进来一只猫,踱着猫步走了过来。赵伯玖见了,直接上前一脚把猫给踢了出去。赵构见这孩子如此野蛮,说了一句:"这只猫只是偶尔经过,你为什么突然踢它?做事这么冲动轻率,将来怎么能委以重任?"结果赵伯玖这一脚,把眼看到手的皇帝接班人的身份给踢没了。

另有史料记载:赵伯玖和赵伯琮两人都被养在宫中将

二十九 英雄身后的万字碑

近二十年,却一直都未被确定太子的名分。之所以迟迟不定太子,应该是因为还年轻的赵构对自己的生育仍抱有幻想,希望再生个儿子出来;同时,还有两个关键人物有不同意见,一个是赵构的生母韦太后,一个是当朝丞相秦桧。直到韦太后死去,赵构使了一招,给两位准继承人每人送去十名美女,过了一阵又把她们召回。经过检查,发现给赵伯玖的那十人都已经不是处女;而赵伯琮听从了老师史浩的意见,没有动美女一根指头,十人都是完璧。于是赵伯琮被立为皇太子,并改名赵昚。

不要看有时只是一件小事,很多时候历史就是被一件件小事改变的。不管以上两种说法哪一个接近事实,最终都是细节决定了成败。

对赵昚来说,能当上南宋第二任皇帝是一种幸运;对南宋来说,选择赵昚作为皇帝也是一种幸运。尤其是,不管对朝中大臣还是对黎民百姓来说,一个好皇帝往往是可遇不可求的。

赵昚上任后,立马做了两件得人心的事:一件是为岳飞平反,"诏复飞官,以礼改葬,赐钱百万,求其后悉官之"。

另一件是对已故抗金名将韩世忠进行改封,追封韩世忠为蕲王,谥号忠武,配飨宋高宗庙廷;还为韩世忠立"韩蕲王神道碑",赵昚亲题字径一尺二寸的"中兴佐命定国元勋之碑"。

赵眘题"中兴佐命定国元勋之碑"拓印

赵昚这么做有两方面原因:一方面,他自己是主战一派,立志要收复中原失地;另一方面,当时边事不宁,金兵又挑起战事,他需要以此提振朝野抗金士气。

赵昚让当时任礼部尚书的赵雄,为韩世忠撰写碑文。

赵雄接到这个任务后,应该是相当纠结的。赵雄是坚决的主战派,对韩世忠也是由衷地敬仰,能为一个自己所敬仰的人写碑文,说深感荣幸是没有一点客套和虚伪的。神道碑碑文写成后,字里行间充满敬仰之情,确实出自赵雄的一片真心。

然而赵雄也明白,为韩世忠写碑文并不是简单地给一个人盖棺定论,在赵雄落笔前,也就是南宋最初的三十多年时间里,韩世忠的生平史几乎可以写成半部南宋史,容不得只言片语疏忽。

何况,赵构虽然已经退位,但现在是太上皇,依然时不时要插手一下朝政。且举一例:一天赵构去灵隐寺冷泉亭喝茶,有个行者(带发修行的和尚)对他照料周到殷勤有加,他打量此人觉得不像个行者。果然此人自称原是一个郡守,因得罪了监司而被罚为庶人。赵构当即答应复他的职。几天后赵构再去冷泉亭,见行者还在,于是满面怒容地回宫去见孝宗。孝宗得知原因后告诉他,此人贪赃枉法,免死已经不错,要复职实在不行。赵构却不管不顾,大发脾气,孝宗只得让宰相给他复职。

韩世忠后来"上表乞骸骨",并"杜门谢客,绝口不言兵",一世英雄最后"高卧十年……若未尝有权位者",还不是迫于赵构的淫威?但如果碑文分寸把握不好惹恼了太上皇,丢官还是小事,丢命都有可能。赵雄既要为已逝的尊者无可讳言,更要为生者而且是位高权重的生者美言,何其为难。

在碑文起头他就以委婉之笔告诉后人,对于孝宗命他撰碑文一事,起初他找了几个理由推辞,但孝宗皇帝不同意,于是赵雄闭门谢客,反复构思,反复修改,最终写了篇一万三千多字的碑文。

碑文刻在高五米多宽二米多的碑石上,由名臣周必大书写。历史上,从来没有谁的碑文字数超过韩世忠的碑文字数,故其有"天下第一碑"之称。

今人读万字碑文,可以感受到由衷的敬仰——

平全闽,夷江西,剪湖湘,歼苗、刘,摧兀术,麾大仪,拓东海,捍扬楚,震淮阳,所当无非勃寇剧贼,而功益俊伟不可及。

摧勍敌如拉朽,芟剧盗如刈菅,大战数十,小战数百,丰功盛烈,光照古今。

秦、汉而下,可以言智谋忠义如古名将者,若诸葛亮、郭子仪,其庶几乎?

可以体会到其中的委婉——

事关庙社，必伛偻玉陛上，流涕极言之。虽不加文饰，而诚意真切，理致详尽，人主知其出于忠实，不以为忤也。

时桧主议甚力，自大臣宿将，万口和附，王独慷慨涕泣，章上以十数，为太上开陈和议不可之状。

可以感受到淡淡的无奈——

盖自罢政居都城，高卧十年，杖履幅巾，放意林泉壶觞间，若未尝有权位者。

王终日淡然，独好浮图法，自号清凉居士。故虽权臣孔炽，王最为所忌嫉，而能雍容始终，盖诗所谓"明哲保身"者。

三十

不言非无言

在一万三千多字的神道碑碑文中,赵雄在开头还写了长长一段以说明立此碑的来龙去脉,并以委婉之笔告诉后人,对于孝宗命他撰碑文一事,他先以自己学问浅薄、祖上讳名与韩世忠谥号相同等理由"上书恳辞",无奈孝宗不许,于是惶恐奉诏。

有意思的是,孙觌在《咸安郡王致仕赠通义郡王韩公墓志铭》(以下简称《墓志铭》)铭文末尾也特意写了一段告白:韩世忠辞世后两个月,有寺丞向孙觌请铭,但他坚辞"不敢"。七年之后,"韩氏书谒无虚月,请益坚。会余蒙恩除罪籍,遂不辞,乃即平日所见闻,志其大者,而系之以铭"。

之前为什么不敢?原因是他因"脏罪"丢官。丢官其实也不是主要原因,人家请他写铭文,并不是不知道他丢官,既然人家愿意来请，他又有何不敢？七年后怎么就又敢了呢？原来，七年后，恰好秦桧死了，孙觌蒙恩除去罪籍，又被起用了。所以真正不敢的原因是当时秦桧当道。

为什么赵雄、孙觌不约而同地在碑记、铭文中讲这个过程？不外乎要含蓄地表达，他们有自己的难言之隐。

孙觌写《墓志铭》是在1158年，那时秦桧刚死，赵构还是皇帝；赵雄写神道碑碑文是在十九年后的1177年，当时赵构健在，虽已禅位但是太上皇。写韩世忠都绕不开赵构，有些事是必须避讳的，避讳其实倒还好，不好办的是避讳之外还不得不美化。

所以很多时候，他们只能欲言又止点到为止——

赵雄在神道碑碑文中隐隐约约地透露出秦桧敢于力主和议的个中"玄机"："时桧主议甚力，自大臣宿将，万口和附，王独慷慨涕泣，章上以十数，为太上开陈和议不可之状。"韩世忠在"大臣宿将，万口和附"的情况下孤独一人力排众议，不难体会这背后的潜台词。

孙觌写了韩世忠极力辞官的理由："今以菲才承枢密，极进陪国论，实怀危溢之惧，所冀天慈，俾解将相之官。"在战场上拼杀韩世忠都没怕过，为什么在朝中当官他反而怕了？他所惧的又是什么？也只能轻轻点到为止了。

特别是对于韩世忠的晚年生活，一万多字的神道碑碑文中只有寥寥二百余字介绍，且竭尽粉饰美誉："晚，以公主奉朝请，尤能以道卷舒，绝口不言功名。盖自罢政居都城，高卧十年，杖履幅巾，放意林泉壶觞间，若未尝有权位者。"
"终日淡然，独好浮图法，自号清凉居士。"

《墓志铭》全篇也有四千多字，孙觌所撰韩世忠晚岁境况，也只有寥寥数语："公受命已，杜门谢客，绝口不言兵。时，跨一驴，从二三童奴，负几杖，操酒壶，尽兴而返。平时将佐部曲皆莫见其面。"对其晚年嗜酒，一句"借酒浇心中块垒"带过，点到而不说破。

正是受赵雄、孙觌的影响，韩世忠晚年在人们眼中似乎就成了一个骑驴游湖、纵情山水、沉醉壶觞的消沉又放浪的形象，后人以此为题画过不少画，写过不少诗，如明代何乔新《题韩蕲王湖上骑驴图》、清代张晋《韩蕲王西湖策蹇图》、清代沈绍姬《题韩蕲王湖上策蹇图》等。

宋元时代以擅长画马著名的画家龚开，按韩世忠之孙韩文吕的要求，画了一幅《韩蕲王湖上骑驴图》。同时代诗人方回写了一首《韩蕲王源上骑驴图为王孙叶叶赋》，叶叶系韩文吕的乳名或昵称。从诗中可以得知，同样处在乱世中，同样怀才不遇，同样不得不以退隐为最终归宿，"王孙妙年万事轻"的韩叶叶"欲蹈箕颍遗浮荣"，意在效仿祖父韩世忠晚年，退出官场，隐居山林。

只是，韩世忠"绝口不言功名""绝口不言兵"的背后，也有他的难言之隐。不言非无言，而是难言。事实上他也没有真的闭口不言,翠微亭题记、责问秦桧都是他的表达方式。

他在杭州西湖东南面的云居山题过一首《题云居壁》:

芒鞋行杖是生涯,老夔今年玩物华。

为爱云居松桧好,不须更看牡丹花。

"玩物华"的表象之下,不畏严寒的松柏才是他内心和性格的写照。至于牡丹花就无须看了,而且最有名的是河南洛阳牡丹,那里已经是金国的土地,也看不了了。

后人其实也看得很

龚开《韩蕲王湖上骑驴图》

清楚——

张晋《韩蕲王西湖策蹇图》："如何俯首不得意,我知王有填膺事。""惟王独赋归去来,伏枥谁知志千里。""可怜用手据驴鞍,恨不将尸裹马革。"

何乔新《题韩蕲王湖上骑驴图》："黄金不铸韩蕲王,烈士忠臣谩歔欷。"

张璨《韩世忠湖上骑驴图》："神州难复旧山河,散尽熊貔事讲和。驴背看来犹矍(此字存疑)铄,朝廷谁说召廉颇。"

想当年,韩世忠唱酬岳飞《满江红》所抒发的"向星辰、拍袖整乾坤,难消歇"的激愤与壮志何曾湮灭?

二十 不言非无言

三十一

"忠"其一生

  谥号就是对一个人一生的盖棺定论。谥号有官谥和私谥之分，皇帝给的谥号自然是官谥了。

  宋孝宗赵眘追谥韩世忠为"忠武"，这是个什么等级的谥号？

  在所有的谥号里，文臣荣誉最高的谥号是"文正"，武将荣誉最高的谥号是"忠武"。

  南宋所有武将中，获得"忠武"谥号的就两个人：一个是韩世忠，另一个是岳飞。而追谥岳飞为"忠武"的，则是宋孝宗之后的第三任皇帝宋理宗，此时距韩世忠获得"忠武"谥号已六十二年，距岳飞被害已八十四年。

  说到这个宋理宗，他在任上还做了一件事，想有一番作为的他决心复兴大宋基业，便大刀阔斧地进行了一系列改革,史称"端平更化"。想做一番事业,手下就需要一批忠心耿耿能做事肯做事的人,于是他仿效唐太宗李世民建"凌烟阁",修建宋国的"昭勋阁",用于表彰宋国建立以来功勋卓著者,共二十四位文臣武将被选中,他们的画像被供奉于"昭勋阁",配享帝王宗庙待遇。他这么做是要向大家表明:跟着朕好好干,朕是不会亏待你们的。

进入"昭勋阁"的南宋武将只有一个,即韩世忠。

韩世忠的一生恰如他的名字,一世忠诚。当他躺在病床上,还特意嘱咐家人:"吾名世忠,汝曹毋讳'忠'字,讳而不言,是忘忠也。"

韩世忠之忠,忠在忧国忧民为国为民。"为国立功,人臣常份。"他常常以此告诫部下。

故国故土,为韩世忠一生不能忘怀,所以每每上战场与金兵交战,韩世忠总是置生死于不顾,而每战告捷,总是不忘"陕西诸路乃出兵产马之地",希望能复我疆土;完颜宗弼被困黄天荡求韩世忠放他一条生路时,韩世忠的回答就一句话:可以成全你,条件是"迎还两宫,复归疆土"。

镇压方腊起义后的第二年,宋军在燕山一带与辽军争战,宋军溃败,韩世忠等五十人骑马来到滹沱河,恰与两千余名辽国的骑兵狭路相逢,韩世忠毫无所惧,鼓励其他人"有如不胜,必为社稷忧","奋忠义以报国,此其时矣"。他单骑突入,进退自如,出其不意杀了两个扛大旗的,致敌大乱。"奋忠义以报国"是他每次临战时激励部下的口头禅,也是他一生在与辽国、金国、伪齐的征战中身先士卒的写照。

北宋末年南宋初年,外患重重,内忧频频,韩世忠在抵御外敌中屡立战功,在平定内乱上也功不可没。从平定方腊起义、讨捕山东河北盗贼、讨伐杜用叛兵、清理丁进叛党、平叛苗刘兵变,到挫败福建建瓯(时建州)范汝为,继而扑灭江西湖南群寇曹成、李宏、刘忠等,都是马到成功。

后人也因为韩世忠平内乱而对他有不同的评价,因为有的内乱本身有其合理性和正义性,尤其是方腊起义本是官逼民反,因而有人认为"镇压"方腊是韩世忠的一个"污点"。这种在几百年之后所做的评价,自然超越了当时的历史局限,未免有点不近人情。其实在韩世忠朴素的观念中,起义也好叛乱也罢,如果不能给国家带来安定,给百姓带去安宁,无论作为士兵还是作为将帅,他所能做的只能是以武止戈。

韩世忠之"忠",成就了他战功辉煌的一生,得到了上到皇帝下至百姓的一致肯定。

也难怪赵构一天到晚把"忠"字挂在嘴上以嘉许韩世忠——

建炎四年,朝议多次要派遣韩世忠去讨伐李成,赵构则说:"朕欲留世忠浙东,此人忠勇,不畏金人,敢与之战……"

平定苗傅、刘正彦叛乱后,赵构对韩世忠更是感激涕零:"余杭之难,卿首奋忠勇,已破凶逆,朕之复辟,惟卿之功。"这次"忠勇"两字不但挂在嘴上,还挂在了锦旗上,赵构御书"忠勇"制成大旗以示褒奖。

以长江为防线拦截金兵,赵构看了韩世忠的作战方案后频频点头:"惟卿忠勇之诚,谋虑之深,载观规画,所溁嘉叹。"

黄天荡之战后,赵构又是"言念忠劳,不忘嘉叹"。

大仪镇之捷被称为"中兴武功第一",赵构闻讯大喜:"世忠忠勇,朕知其必能成功。"

韩世忠移师淮安(时楚州),赵构肯定他所做的御敌措施:"今得所奏,益见忠诚,虽古名将,亦何以过。"

朝中同僚对韩世忠也是大加赞誉——

沈与求:"自建炎以来,将士未尝与金人迎敌一战,今世忠连捷以挫其锋,其功不细。"

曾任丞相的张浚:"诸将中尤称韩世忠之忠勇,岳飞之沉鸷,可倚以大事。"

李纲对早年韩世忠的英勇即大加赞赏,曾写《以旧赐战袍等赠韩少师二首》,其二:"旧钦忠勇冠三军,每一相逢更绝伦。铁马金戈睢水上,碧油红旆海山滨。气吞勍敌唐英卫,力破群凶汉禹恂。圣主中兴赖良将,好陪休运上麒麟。"

就连对韩世忠怀恨在心的秦桧在皇帝面前也不由得说:"臣尝语(韩)世忠、(张)俊,陛下倚此二大将,譬如两虎,固当各守藩篱,使寇不敢近。"

历代文史学者评说韩世忠"重延宋祚""中兴佐命""半壁孤撑",绝非溢美之词,而是恰如其分。

作为普通百姓,他们不会用文绉绉华丽丽的词语,他们心里有杆秤,他们只会以朴素的方式表达他们的感念和尊敬——

平定建瓯(时建州)范汝为叛乱后,除了将真正的叛乱分子处死,被迫胁从的都免于处理,种田的给其耕牛粮食,经商的减轻其税赋且放宽经营限制,当地民众心怀感恩,"家立生祠,刻其事于石,至今奉香火惟谨"。

屯兵淮安时,韩世忠和将士一起劳作,扩大守城范围,加固城墙,老百姓因为有韩世忠的军队在防守以及其所做的这些防守措施而感到安心,"民恃以无恐","家立生祠以报"。

苏州的市民百姓,或遇韩世忠朝谒,大家就聚集在路上等着见他一面,连闺中女子都知道有个韩郡王,甚至大家都以韩世忠的境遇来判断当时的社会局势,只要他安好,大家就安心。

韩世忠在淮阳抗击金国和伪齐联军,后奉诏班师回淮安,上万老百姓自愿背井离乡跟随他。

当韩世忠纵横疆场全力抗金之时,绥德早已沦陷为金国之地,而在九里山的韩世忠母亲之墓得以完好存留,则是

韩世忠在临安

世祖蕲王　韩世忠

生于绥德　少年从戎　首战西夏　燕山抗金

大战兀术　威震南北　智勇双全　忠肝义胆

伉俪同心　力反和义　怒斥秦桧　不畏权势

回首北望意难平　英魂长眠清凉峰

庚子年秋月韩氏后裔

韩金宪书

韩金宪手书《世祖蕲王　韩世忠》

当地百姓用他们的聪明智慧悉心保护的结果。在古代,掘人祖坟是一种极具侮辱性和杀伤力的攻击方式,前面说过方腊攻进杭州即掘了童贯的祖坟以泄恨。对于抗金名将韩世忠,金人恨之入骨,如果知道其母亲之墓在自己地盘是必毁之而后快的。当地百姓遂将官山岭改名为九里山,借韩信九里山活埋母亲的传说来做掩护,这既表现了绥德百姓对韩世忠的敬重,也表达了他们希望有人来振兴宋室收复河山的愿望。清代文学家谭吉璁在陕西延安、榆林等地都当过官员,其一大功绩是编纂了《延绥镇志》,他考证得出此处为韩世忠母亲之墓,并由衷感慨:"今韩王之母墓依然无恙者,固民之仁、俗之厚而亦王忠义之报也欤。"(见附录四)

三十二

此后八百多年

　　"民之仁""俗之厚"及"王忠义之报"也让临安杨溪村韩世忠墓得以妥善保护。

　　此后八百多年，虽历经风雨沧桑朝代更迭，但历代县官都会颁发册令保护韩世忠墓，当地的村规民约也规定韩坟山上的一草一木都不准砍伐，"风吹雪压，随山霉烂"。正因为韩世忠安葬于此，这座山从那时起就被人们称为韩坟山。

　　"文化大革命"期间，为防"破四旧"，有村民将墓前的石碑用泥土掩埋，然后又在外面堆上柴火，从而使其免遭破坏。

　　2000年，村里拆除了墓前一些破旧的房子，对韩世忠墓进行了修整。这一年，韩世忠墓被定为临安市文物保护单位。

临安杨溪村韩世忠墓

2004年,韩世忠墓碑因年久破裂,露出一个缺口,杨溪村对墓碑进行重修。重修期间,有村民进入墓中,但见一条很深的墓道,墓道两边所砌的全是雕花砖,由于墓道深不见底,村民走了一段后,未敢再往前行。

2019年韩世忠墓被列为杭州市市级文物保护单位。

1989年,一村民在离韩世忠墓不远的地方修建房子,意外地在地下挖出大量铜钱。

回到韩世忠把韩彦直叫进房间吩咐他到杨溪村建墓地的那天,他又特别交代了另外一件事,他让韩彦直把家中多余的铜钱埋在他的墓前:"世事难料,这些钱埋在地下是为了防不测,如果你们及后代遭遇什么难处,可将这些钱挖出来应急。若用不上,那是最好。若是被别人挖去,也算是救济他人。"

前几年在临安昌北发现的《韩氏宗谱》中,清清楚楚地记载着韩世忠及其长子的墓地,其中也记载了韩世忠隐居的杨溪村,其后裔后来迁到安徽,后又迁回於潜昔口,一支迁至洪岭雪山,一支迁至昌北茶园村。

韩彦直考中进士后,先后在京城和地方上担任各种官职。韩世忠病重时,其家人随同韩世忠回到了杭州。受秦桧压制,韩彦直守完孝后被派到外地任职。韩彦直的家人跟着韩彦直,渐渐都从杨溪村迁走了。

宋孝宗时,韩彦直任户部郎官,工作出色,宋孝宗对他赞许有加,"拜司农少卿,进直龙图阁、江西转运兼权知江州"。

虽然韩彦直是个文官,但他曾随父亲征战沙场,不乏军事才干。韩彦直后来出任鄂州驻扎御前诸军都统制,专门训练骑兵体能,他让他们每天负重三十千克跑三十千米,这样骑兵没有马时也照样可当步兵用,部队的战斗力大为提高。

南宋朝廷在1174年要派朝臣出使金国,但大家你看我我看你,没有人自告奋勇。皇帝最后亲自选派,韩彦直受命前往。刚进入金国境内,金国使者就问起交接国书的事,双方前前后后讨论了几十次。面对金国使者的故意刁难,韩彦直沉着冷静应对自如,最后金国使者也说他"能够有力维护自己主子的尊严"。到了金国,虽几次面临生命危险,但韩彦直英勇不屈,保持气节,金国最终以礼相待送他回国。韩彦直回国后被提升为吏部侍郎,不久又改任工部尚书并兼任临安府知府,正要上任却因言论不当被罢免。

韩彦直以光禄大夫身份退休。晚年潜心学问,搜集宋以来的史事,撰成史料价值很高的《水心镜》(共一百六十七卷)。他还有一项科学贡献:在浙江温州任知州时,写了世界上第一部柑橘学专著《橘录》。

韩彦直去世后,朝廷特赠开府仪同三司,爵至蕲春郡公,谥号"庄敏"。后来他被葬在浙江长兴的泗安镇二界岭白杨岕。据传韩彦直死后，本来家人准备将他运送到老家陕西绥德下葬，但因天气炎热，恐尸体腐烂，途经长兴时看到有一块风景秀丽的"风水宝地"，就决定下葬于此。后来家族中有一部分人员也就留在长兴，他们选择了长兴最北面的山区（今白岘乡水曲卡）作为他们的居住地，这里就成了一个韩氏家族的村落。当时陕西在金国境内，距浙江路途遥远，因此本来要将韩彦直送回老家安葬的说法不是很可信，但韩彦直墓现今在长兴还是有迹可循的，墓旁还立有县级文物保护单位的石碑。

次子韩彦朴，曾任奉议郎、直显谟阁，早卒。

韩世忠的三儿子韩彦质，历任直秘阁、光禄寺丞、秀州知州、两浙转运代理判官、平江府知府、太府少卿兼淮西总领、临安府知府等，以太中大夫身份退休，谥号"敏达"。

韩世忠的四儿子韩彦古，历任将作监丞、严州知州、临安府知府，以敷文阁待制身份任平江府知府等，官至户部尚书。有诗才。

赵雄在神道碑碑文中专门记载，写碑文是因韩彦古向宋孝宗拜疏请求，孝宗当即同意，并亲题碑名，第二天在凌虚阁召见大将，特诏韩彦古身着戎装入见，面赐御书，又令赵雄写碑文。

韩彦古的官场履历可谓经历广、资历深、背景厚，是当宰相的热门人选。有人甚至"伏阙上书"，向皇帝推荐他为宰相。他自己对宰相之位也志在必得,为此大肆行贿,尽管如此,韩彦古最终还是没能当上宰相。

韩彦古性格狂妄自傲,做事简单粗暴。与兄长韩彦直、韩彦质向来不和。

女儿韩彦芳,后出家为道。每年父亲的忌日,她都会来杨溪村祭拜。

同样在这一天,有一个人也会一直等着韩彦芳到来,年年如此。她就是王恩铭的母亲,每次见到韩彦芳,话未出口,泪已先下。直到十年后,韩彦芳再也见不到她。

附录一

韩世忠编年简历

1089年：1月26日，出生于陕西绥德。

1105年：加入州军敢勇队。

1120年：随王禀部队镇压方腊起义。

1121年：孤身入山洞擒方腊；与梁红玉结为夫妻。

1127年：拥立赵构称帝，"王请移跸长安，下兵收两河，朝议不从"。

1129年：苗傅、刘正彦发动兵变，逼赵构退位。韩世忠率兵大败叛军，后抓获苗、刘两人。获封武胜、邵庆军节度使。梁红玉获封护国夫人。

1130年：与完颜宗弼大战于黄天荡，围敌四十八天。

1132年：平定范汝为叛乱；成立背嵬军。

1134年：大败金兵于大仪镇，此战被称为"中兴武功第一"。

1135年:驻防江苏淮安(时楚州),梁红玉去世。

1136年:率军击败金国与伪齐联军。

1137年:金国废伪齐王刘豫,韩世忠上奏乘机北伐,不被允许。

1138年:金国使臣来宋,韩世忠屡次上疏不可议和,并请赴朝奏事,不被允许。

1139年:计划派兵伏杀金使破坏议和,因被人告密行动失败。后提议趁金国内乱北伐,不被允许。

1140年:金人败盟,完颜宗弼率兵南侵。韩世忠率部将多次击败金兵。

1141年:率兵在安徽凤阳(时濠州)、闻贤驿等地多次击败金兵;韩世忠等三大将被罢兵权,任枢密使;和议复成,韩世忠危言苦谏,请求与金使面议,不被允许。

1142年:1月27日,岳飞被赐死。自此韩世忠不言兵事,纵情山水,大部分时间隐居临安清凉峰下杨溪村(时义干村)。

1151年:9月15日,卒于杭州。后葬于临安隐居之地。

附录二

咸安郡王致仕赠通义郡王韩公墓志铭（节录）

孙　觌

　　于是，寺丞过予请铭。某曰："太师咸安郡王中兴名将，奏乞本朝有名位、能文章、名公卿大夫功德者为之辞，昭以后世。余方以罪斥辞，不敢！"距今七年韩氏书谒无虚月，请益坚。会余蒙恩除罪籍，遂不辞。乃即平日所见闻，志其大者，而系以铭曰：

　　炎正中否，有来天矫，红羊之首，坟犬为妖。万骑控弦，鼓行而至，诸将按兵，拱手坐视。暨暨韩公，山西之雄，赤心许国，谊不营躬。群枭噪权，伏阙称乱，奋梃一呼，奉头鼠窜。手格二叛，槛载而归，磔之东市，封为鲸鲵。胡马饮江，千艘北渡，公挺一身，塞其归路。犬羊胆落，江水为丹，电扫霆驱,威憺八蛮。移屯楚甸,坐镇千里,长城隐然,江寇气死。释兵十万,归居庙堂,玉带金鱼,异姓之王。麒麟图像,中兴第一,巍巍堂堂,莫与公匹。国恩粗报,舁矣归休,奉身而退,以老菟裘。大雅君子,明哲保身,一马二童,担夫争道。呜乎逝矣,生虽有终,与宋之初,唯公之功。阖闾之西,灵山之麓,有坟岿然,过者必肃!

附录三

韩蕲王神道碑碑文

（节录）

赵　雄

　　宋故扬武翊运功臣、太傅、镇南武安宁国军节度使、充醴泉观察使、咸安郡王，食邑一万八千二百户，实封七千二百户，进封蕲王、谥忠武神道碑。朝散大夫、礼部尚书兼侍读兼给事中除端明殿学士、签书枢密院事、开国子、食邑七百户、赐紫金鱼袋、臣赵雄奉敕撰。右仆射、朝散大夫、尚书兼侍讲、直学士院兼太子舍人、食邑七百户、赐紫金鱼袋、臣周必大奉敕书。上缵祚之十五年，威行德孚丕冒。海隅出日，罔不畏服，罔不愿为臣妾。上益励精行健，冀大有为，闻鼓声而思勋臣于昕夕不忘。乃二月甲午，制曰："韩世忠感会风云，功冠诸将，可特赐谥忠武。"盖太师韩蕲王之薨之葬，至是已二十有六年，而褒崇益光，遂与汉丞相亮、唐汾阳王子仪同谥。宸奎内出，不由有司，中外伟之。王之子彦古方居蕲国夫人忧，闻诏感泣继血，即拜疏谢。又拜疏请曰："草士臣彦古谨昧死言，臣之先臣世忠发身戎行，逮事徽宗、钦宗，皆著显效，暨委质太上皇帝，自大元帅霸府宏济于中兴，始终实备大任，仰凭宗社威灵，与太上皇帝庙谟神算，摧劲敌如拉朽，芟剧盗如刈菅，大战数十，小战数百，封功盛烈，光照古今。不幸早弃明时，亦既积年。陛下悯念勋劳，固尝爵以真王，锡之美谥，独墓道之石无名与文。惟陛下哀矜，究此光宠，岂独诸孤显耀，抑先臣有知，犹当效结草之忠。"天子曰："呜呼！惟乃父世忠自建炎中兴，实资佐命，式定王国，时惟元勋，予岂可忘？"乃亲御翰墨大书曰："中兴佐命定国元勋之碑。"翌日，朝诸将于凌虚阁，特诏彦古戎服入见，面赐御书，俾冠于碑首。顾谓诸将曰："世忠有大功于帝室，今彦古亦有志世其家，予惟宠嘉之，是用赐此丰碑，诸卿勉哉！"诸将感激奋跃，益知国家之不负臣下也，忠孝之不可以不尽也，功名之不可以不力也。皆趋下再拜，彦古亦再拜而出。既又诏礼部尚书臣雄曰："汝其铭世忠之碑。"臣雄以谓圣主褒崇元臣，兹事体大，顾不学弗称。且祖讳与王名谥适同，寻上书恳辞。上据批出，略曰："君前臣名，临父不讳，不许辞免。"臣雄于是恐慌奉诏。谨拜乎稽首，上故太师蕲忠武王遗事曰：

韩世忠在临安

......

昔在宣靖，崇极而倾。胡酋不恭，神州尽腥。天地重开，真人龙翔。德业巍巍，周宣汉光。凡此中兴，谁实佐命。繄时元勋，王国以定。元勋谓何，维师蕲王。王奋山西，起蔫之乡。铁胎之弓，悍马长槊。方在童年，气震山岳。逮事徽皇，至于钦宗。天下兵动，外阻内讧。王先戎行，在碟是蔫。浙西山东，绩用丕显。霸府肇新，来乘风云。扫清南都，大驾时巡。淮海之间，剧盗蝟起。解甲束戈，如父诏子。帝幸余杭，王征徐方。逆臣乘虚，反易天常。戕虐枢臣，都城喋血。凶焰孔炽，震警宸阙。王在海上，闻变号呼。凡尔众士，今当糜躯。吾与群凶，不共戴天。山川鬼神，实临此言。舟师鼓行，雷动电击。挠彼凶徒，裂胆褫魄。天位反正，乾清坤夷。生擒渠魁，枭首大逵。有狡汝为，盗据富沙。流毒全闽，血人于牙。大江之西，重湖之南。蜂屯蚁结，虎猛狼贪。三方百城，地数千里。夺攘矫虔，声势相倚。当宁谋帅，宜莫如王。授以斧钺，往捣其吭。覆其穴巢，锄其根萌。阅岁未周，三方底平。降旗奔师，捷书相望。贷遣胁从，旌别善良。尔商尔财，我驰尔征。尔农尔田，我资尔耕。仁义之兵，吊伐是尚。帝有恩言，卿古名将。胡马饮江，充叛以降。金陵不支，浒窥上邦。王整虎旅，邀截归路。虏尤虽强，望风震怖。海舰如飞，江之中流。北剿援兵，南蠲归舟。水战陆攻，摧枯拉脆。杀伤莫数，俘获万计。酋帅小

附录二 韩蕲王神道碑碑文（节录）

黠,仅脱其身。敌势浸销,皇威益信。尤犹不悛,才数年期。倾国南侵,步骑分驰。逆党成林,尘暗穹苍,九重制诏,罪己如汤。王曰吁嗟,君父旰食。臣何生为,矢死报国。部分将佐,直趋淮壖。亲室归途,示无生还。妙算既定,奇计先施。声言守江,已驻大仪。众寡虽殊,我整彼乱。虏骑纷呶,马足俱断。四面麕击,若降若屠。积骸为邱,洒血成渠。折馘献俘,千里相踵。骁将数百,岂计辎重。偏裨在楚,亦以捷闻。王来穷追,虏师大奔。振旅凯歌,天子曰都。世忠之勇,虏不足诛。江左人心,恃此宁谧。中兴以来,武功第一。淮阳钟离,莫非俊伟。生平战多,竹帛莫纪。王屯极边,志清中原。和议既谐,弛强铄坚。王之论和,忠愤激烈。利害皎然,黑白区别。圣主俞之,权臣仇之。明哲令终,天实休之。孰不为将,孰不建功。动摇丘山,呼吸雷风。惟王天资,与勇将异。达以智谋,本以忠义。大疑大事,决于片词。较彼起莘,王其过之。王起寒素,饭糗衣绤。出际盛时,蛟龙云雨。解衣推食,言听计行。任用不疑,天子之明。三镇节旄,三事典策。报功惟优,天子之德。惟圣天子,使臣以礼。哀荣死生,福禄终始。重华神武,志大有为。眷言勋劳,恨不同时。真王启封,贵穷人爵。忠武之谥,如葛如郭。八言衮褒,更瞻云章。谁克有勋,上不汝忘。丰碑岩岩,亿载有耀。凡百臣子,甚思忠孝!

附录四

韩王母墓辩

谭吉璁

予治榆林之明年，以事往来于清涧者甚勤。顾清涧之北五十里，为官山岭。岭之中有韩王母墓，不封不植，而居人至今不敢耕牧也。询之，云为韩王信母冢。又云：为齐王韩信母冢。冢之下有坎窨数十处，皆深至丈许。询之云作灶，并为军士设伏者也。韩王信起横阳，徙封马邑，人知之者少，而云齐王韩信者甚众。是不可以不辩。

韩信者，生于淮阳，封于齐，未尝至秦之所谓上郡者，而况清涧乎？且高奴、上郡，皆为翟王翳地。高祖出故道时，即已迎降，而韩信未尝来征也。即来征，而能奉其母以周旋乎？居人又云：昔汉王恐其墓有帝王气，阴坏之，今之岭畔有斧凿迹是也。此其尤不经矣。

《北盟会编》云："韩世忠，绥德军人。少年时，尝戏槊于二朗山上。"此《宋史》所不载，宜其母墓之不著也。则今之所谓韩王母墓者，其为韩世忠之母墓也无疑矣。至坎其下堑其旁者，是皆宋人拒马处也。

宋自南渡之后，世忠封于蕲。以秦桧用事，谢兵柄，优游湖山，终老以死。则韩王之故乡，已沦绝域，尚得而封识之乎？况宋之园陵皆不可问，又何论于臣子哉。嗟乎！生为侯王，不能一上先人之丘垄扫奠而封植之，而究同于北邙之垒垒也。可胜叹哉！

虽然，有宋去今已五百有余年，而居人犹相戒不敢耕牧，岂有所禁之者？然则清涧之民可谓仁矣。若韩信者，史称其营高爽地为母墓，下可容万人，岂不欲垂千百年之远哉？当汉之世已族灭，无复有存焉者，尤可哀也已。今韩王之母墓依然无恙者，固清涧民之仁，俗之厚，而亦王忠义之报也钦？故感而为之辩。

后记

一场突如其来的新冠肺炎疫情，打乱了人们刚刚迈进2020年的脚步。在经历了最初的慌乱、不安甚至无助后，骤然改变的生活节奏让人不得不慢下来、停下来，因此也有了静下心来回忆、审视、思考的时间。

于是，十年前走进临安杨溪村的一幕重新浮现。古貌犹在、古风犹存的杨溪村，留存着诸多古迹，特别是韩世忠墓与孝子祠，以其感人的故事与厚重的历史感给人留下了深刻的印象。第二年，笔者关于"加大杨溪村文物保护"的建议获得了有关部门和领导的肯定与支持，相关部门还下拨了保护资金。后来这笔资金用于孝子祠的修缮。

这之后，韩世忠墓也升格为杭州市文物保护单位，但如何让更多的人了解这位具有传奇色彩的英雄人物，并发扬其忠武、忠勇、忠义的精神，却一直未能破题。疫情期间，韩世忠的形象重新浮现，于是上网、看书查找资料，对韩世忠个人、家人，以及北宋末年南宋初年动荡不安年代的那段历史，认认真真地梳理了一遍，一个活生生的英雄形象更加清晰地呈现在眼前。

何不就此写本书？或许，韩世忠当年选择杭州临安的一个乡下作为自己的安息之地，正是想避开尘世的喧闹，在清凉峰下获得一份永远的清静。但是，对于生活在这片土地上的后人来说，我们不能让一代英雄身后寂寥无声，更不能任其精神在我们这一代湮没、断档。这一想法得到了中共临安区委常委、统战部部长吴春法的认同，于是讨论主题，确定基调，并加以构思。

一个共识很快达成：写韩世忠的书虽然不多但也不少，不需要再增加一本面面俱到写他的书，所以本书着重写他晚年在临安的生活，并以此为主线串起他的一生；不是资料的堆砌，也不是凭空的虚构，而是在尊重历史的基础上进行文学加工，所以是史与文的结合。由此首先遇到的难题是，关于韩世忠及其相关的人与事的资料很多，有的则存在不同的说法，需要辨别真伪。比如韩世忠是如何结识他的第二位夫人梁红玉的，以及梁红玉究竟是战死、病死还是陪他终老后而死的，就有多种说法。

本书涉及的一个核心问题就是韩世忠究竟身葬何处。疫情缓和之后，我们进行了大量的实地寻访，从陕西、江苏、浙江到重庆等地，凡是韩世忠留下遗迹之处，我们都进行了探访。通过与当地相关人士和部门交流,并结合之前专家的考据,我们认为现在临安杨溪村韩坟山下的韩世忠墓就是他的真身墓。

本书在写作过程中,得到了临安区政协、中共临安区委统战部、临安区清凉峰镇有关部门及其领导的大力支持,特此感谢!

本书在写作过程中,参考了《韩世忠年谱》(邓广铭著)、《南宋全史》(何忠礼等著)、《追念蕲王》(刘汉腾编著)、《说南宋》(刘鄂公著)、《原来你是这样的宋朝》(吴钩著)、《蕲王韩世忠》(王树才著)、《建炎以来系年要录》(李心传撰)、《至德志:外二种》(吴鼎科辑)、《梦粱录新校注》(阚海娟校注)等作品,并吸收采用了前人的一些研究成果,恕不一一注明。

受限于笔者自身学识浅薄,且在工作之余匆匆写就此书,书中难免有疏漏、错误与不当之处。作为一次创作尝试,切盼得到读者的批评与指正,也希望读者给予更多的宽容与关照。

韩金宪

2020年12月20日

后记